COLEÇÃO

INTELIGÊNCIA ARTIFICIAL

1121 PERGUNTAS E RESPOSTAS

DO BÁSICO AO COMPLEXO

PARTE 3

Prof. Marcão – Marcus Vinícius Pinto

Aviso de isenção de responsabilidade:

Observe que as informações contidas neste documento são apenas para fins educacionais e de entretenimento. Todos os esforços foram feitos para fornecer informações completas precisas, atualizadas e confiáveis. Nenhuma garantia de qualquer tipo é expressa ou implícita.

Ao ler este texto, o leitor concorda que, em nenhuma circunstância, os autores são responsáveis por quaisquer perdas, diretas ou indiretas, incorridas como resultado do uso das informações contidas neste livro, incluindo, mas não se limitando, a erros, omissões ou imprecisões.

ISBN: **9798342909662**

Selo editorial: Independently published

Sumário

Seja bem-vindo!

A revolução da Inteligência Artificial (IA) tem sido uma das maiores transformações tecnológicas do século XXI, moldando o presente e pavimentando o caminho para o futuro em um ritmo sem precedentes.

Este livro, "1121 Perguntas e Respostas: Do Básico ao Complexo - Parte 3", integra uma coleção mais ampla chamada "Inteligência Artificial: O Poder dos Dados", disponível na Amazon, e continua a jornada pelo fascinante e complexo mundo da IA.

Cada volume dessa série tem como objetivo não apenas disseminar o conhecimento técnico e teórico sobre IA, mas também capacitar os leitores a aplicar esses conceitos na vida prática, seja no campo profissional ou acadêmico.

Neste terceiro volume, a coleção se aprofunda em três pilares essenciais: "Privacidade de Dados", "Automação do Trabalho" e "Modelos de Linguagem de Grande Escala (LLMs)".

Estes são temas críticos que refletem o papel central que a IA ocupa no desenvolvimento de soluções inovadoras, ao mesmo tempo em que levanta novos desafios éticos e técnicos.

A cada página, o leitor será guiado por perguntas e respostas que desmistificam os principais conceitos, abrindo portas para a reflexão e o debate sobre os impactos dessa tecnologia em diversos setores.

No coração da Inteligência Artificial estão os dados. O dado é a essência da informação, e a informação, por sua vez, é a base do conhecimento. Sem dados, não há IA; sem informação precisa, a IA não é eficiente.

Em um mundo cada vez mais digital, onde trilhões de bytes são gerados a cada segundo, a capacidade de coletar, armazenar e processar esses dados é o que torna a IA possível. Dados alimentam os algoritmos que geram conhecimento e soluções inovadoras, moldando as decisões que impactam a vida humana em escala global.

A relação entre dados, informação e conhecimento é precisamente o que dá à IA sua razão de ser. Se olharmos para exemplos práticos de IA, desde assistentes virtuais que personalizam a experiência do usuário até algoritmos de machine learning que ajudam na detecção precoce de doenças, todos esses avanços só são possíveis porque os dados estão disponíveis e podem ser transformados em conhecimento acionável.

Neste volume, vamos explorar essa relação em profundidade, com exemplos e explicações sobre como o processamento de dados pode ser aplicado para gerar inteligência artificial útil e eficiente.

Este livro é destinado a um público variado, refletindo a amplitude do impacto da IA. "Profissionais de tecnologia", como desenvolvedores de software, cientistas de dados e engenheiros de IA, encontrarão aqui insights valiosos para aprofundar suas habilidades técnicas e resolver desafios práticos.

"Líderes empresariais" e "gestores de inovação" se beneficiarão da análise estratégica de como a IA pode transformar a automação do trabalho e otimizar processos corporativos.

"Estudantes de ciência da computação e engenharia" terão neste livro uma base sólida para entender os conceitos-chave da IA, enquanto "pesquisadores acadêmicos" poderão utilizá-lo como referência para explorar temas complexos, como modelos de linguagem de grande escala e privacidade de dados.

A primeira seção deste livro explora a "privacidade de dados", um tema central na era da informação. A coleta massiva de dados por sistemas de IA levanta questões éticas e práticas sobre como proteger a privacidade dos indivíduos, enquanto se continua a inovar.

Na segunda seção, o foco é na "automação do trabalho", um dos tópicos mais discutidos quando falamos de IA. A automação impulsionada pela IA já está mudando o cenário de várias indústrias, desde a fabricação até o setor de serviços.

Robôs, algoritmos e sistemas inteligentes são capazes de realizar tarefas com precisão e eficiência, substituindo o trabalho humano em áreas repetitivas e padronizadas.

Por fim, o livro dedica uma seção aos "Modelos de Linguagem de Grande Escala (LLMs)", como o GPT-3, que estão revolucionando a forma como interagimos com a IA.

Esses modelos têm a capacidade de gerar texto, traduzir idiomas e responder a perguntas com uma precisão impressionante, tornando-se ferramentas valiosas em uma série de aplicações, como atendimento ao cliente, criação de conteúdo e educação.

Este terceiro volume da coleção "1121 Perguntas e Respostas: Do Básico ao Complexo" oferece um mergulho profundo nas questões mais urgentes e complexas da IA atual. A inteligência artificial está moldando o futuro, e os profissionais que dominam essas tecnologias estarão à frente dessa revolução.

A Inteligência Artificial é uma tecnologia vasta, cheia de nuances e desafios, mas também repleta de potencial transformador. Ao ler este livro, você estará não apenas adquirindo conhecimento técnico, mas também cultivando uma mentalidade crítica e estratégica para navegar em um mundo cada vez mais moldado por algoritmos e dados.

O futuro é da IA, e você está prestes a se tornar parte dessa revolução.

Boa leitura!

Bons aprendizados!

Prof. Marcão - Marcus Vinícius Pinto

Mestre em Tecnologia da Informação
Especialista em Tecnologia da Informação.
Consultor, Mentor e Palestrante sobre Inteligência Artificial,
Arquitetura de Informação e Governança de Dados.
Fundador, CEO, professor e
orientador pedagógico da MVP Consult.

Privacidade de dados.

1. O que é privacidade de dados no contexto da Inteligência Artificial (IA)?

Privacidade de dados em IA refere-se à proteção de informações pessoais e sensíveis que são processadas por algoritmos de aprendizado de máquina. Envolve a implementação de medidas legais e técnicas para prevenir a exposição não autorizada ou o uso indevido de dados.

2. Como a anonimização de dados contribui para a privacidade na IA?

A anonimização de dados envolve a remoção ou alteração de informações pessoalmente identificáveis para prevenir a associação dos dados coletados com indivíduos específicos. É uma abordagem técnica crucial para proteger a privacidade ao utilizar dados em modelos de IA.

3. Por que é importante ter regulamentações como o GDPR na IA?

Regulamentações como o GDPR são importantes pois estabelecem padrões legais robustos para o processamento de dados pessoais, incluindo consentimento, direito ao esquecimento e transparência. Isso é essencial para garantir que as práticas de IA não violem direitos individuais.

4. Qual o papel da criptografia na segurança dos dados usados em IA?

A criptografia protege dados utilizados em IA ao codificar informações de forma que apenas entidades autorizadas possam decifrá-las. Isso impede o acesso não autorizado e a manipulação de dados sensíveis durante o treinamento de modelos e a inferência.

5. De que forma o conceito de mínimo necessário (data minimization) é aplicado na IA?

O conceito de mínimo necessário aplica-se na IA pela coleta e processamento de dados estritamente essenciais para o propósito desejado, evitando o armazenamento e uso de informações excessivas que possam comprometer a privacidade dos indivíduos.

6. Como os modelos de IA podem ser treinados para promover a privacidade por design?

Modelos de IA podem ser treinados com técnicas que integram a privacidade desde a concepção do projeto, como o uso de dados anonimizados, regularização para prevenir o excesso de ajuste a dados individuais, e sistemas descentralizados que processam dados localmente.

7. O que é uma Avaliação de Impacto à Proteção de Dados (DPIA) e qual sua importância na IA?

Uma DPIA é um processo que ajuda a identificar e minimizar os riscos de privacidade associados a novos projetos de IA. Avalia como os dados pessoais são coletados, armazenados, protegidos e compartilhados, sendo uma prática recomendada em regulamentações como o GDPR.

8. Em que consistem as "pseudonimização" e como ela se relaciona com a privacidade em IA?

Pseudonimização é o processo de substituir informações identificáveis por pseudônimos, permitindo que um conjunto de dados seja menos identificável enquanto ainda útil para análises. Na IA, promove um equilíbrio entre utilidade de dados e privacidade.

9. Quais são os princípios-chave de privacidade associados com a IA segundo o princípio de Fair Information Practices (FIPs)?

Os princípios-chave de privacidade segundo os FIPs incluem transparência, consentimento do indivíduo, acesso e correção aos dados por parte dos usuários, segurança dos dados contra acesso não autorizado e responsabilidade por essas práticas.

10. Como a minimização de dados afeta o desempenho de modelos de IA?

A minimização de dados pode restringir a quantidade de informações disponíveis para treinar modelos de IA, o que pode afetar o desempenho. Contudo, técnicas avançadas de modelagem e otimização podem atenuar essas limitações priorizando eficiência e relevância dos dados.

11. Por que a transparência é crucial na coleta e uso de dados por sistemas de IA?

Transparência é crucial pois permite aos indivíduos compreender como seus dados são coletados, usados e protegidos pela IA fortalecendo a confiança nos sistemas e garantindo que os operadores de dados cumpram com as regulamentações de privacidade vigentes.

12. Quais tecnologias podem auxiliar na proteção da privacidade em projetos de IA?

Tecnologias como a criptografia homomórfica, que permite operações em dados criptografados, e o processamento de dados em edge, que minimiza a transferência de dados, podem reforçar a privacidade em IA, além de técnicas como a aprendizagem federada que mantém dados descentralizados.

13. Como a descentralização de dados afeta a privacidade em aplicações de IA?

A descentralização de dados pode aumentar a privacidade ao limitar o acesso centralizado a dados sensíveis. Mantendo os dados próximos ao usuário e processando-os localmente, reduz-se o risco de exposição em massa e aumenta-se o controle individual.

14. Qual é a relação entre IA e o conceito de autodeterminação informativa?

Autodeterminação informativa é a habilidade de controlar como as informações pessoais são coletadas e usadas. A IA deve respeitar esse conceito, garantindo que as decisões baseadas em dados respeitem os direitos individuais de privacidade e escolha.

15. De que forma a responsabilidade e a governança de dados são aplicadas em projetos de IA?

Responsabilidade e a governança de dados em IA envolvem a implementação de políticas claras, procedimentos e monitoramento para assegurar que os dados são usados de forma ética, legal e transparente, e que há responsabilização em caso de abusos ou falhas. PINTO (2024-2) e (2024-3).

16. Como o consentimento informado do usuário se encaixa na utilização de IA?

O consentimento informado é um pilar da privacidade de dados, exigindo que os usuários sejam claramente informados e concordem com como seus dados serão usados pela IA.

Isto garante que a utilização dos dados atenda às expectativas e direitos dos indivíduos.

17. O que são técnicas de "privacy by design" e como elas são integradas em IA?

"Privacy by design" refere-se à integração da privacidade no desenvolvimento de sistemas de IA desde o início, usando técnicas como a anonimização, minimização de dados e segurança integrada, para proteger automaticamente os dados dos usuários.

18. Qual a diferença entre dados pessoais e dados sensíveis na IA?

Dados pessoais podem identificar um indivíduo, enquanto dados sensíveis são categorias especiais que revelam informações delicadas, como saúde ou orientação sexual. Na IA, dados sensíveis requerem proteções de privacidade ainda mais rigorosas.

19. Como a IA pode ser usada para melhorar a gestão da privacidade de dados?

IA pode ser empregada para automatizar o monitoramento de dados, detectar acessos suspeitos ou anômalos, classificar dados conforme sua sensibilidade e auxiliar nas auditorias de privacidade para garantir a aderência às políticas de proteção de dados.

20. Qual o papel dos impactos diferenciados (differential privacy) na proteção de privacidade em IA?

Differential privacy oferece uma abordagem matemática para quantificar e limitar a privacidade dos dados, adicionando ruído estatístico a conjuntos de dados ou consultas para proteger a identidade dos indivíduos enquanto se preserva a utilidade dos dados para a IA.

21. Como algoritmos de IA são empregados na detecção de vazamentos de dados?

Algoritmos de IA podem ser utilizados para monitorar padrões anormais de acesso ou transferência de dados, identificando vazamentos potenciais rapidamente. Eles também analisam grandes volumes de tráfego de rede para detectar e alertar sobre brechas de segurança.

22. De que forma a governança de dados impacta o desenvolvimento e aplicação de IA?

A governança de dados estabelece diretrizes e práticas para o uso ético e responsável dos dados, impactando o desenvolvimento de IA ao assegurar transparência, responsabilidade e adesão às normas de privacidade durante a coleta, análise e modelagem dos dados. PINTO (2024-3).

23. Quais são as consequências da não conformidade com leis de privacidade em projetos de IA?

As consequências podem incluir multas significativas, como as previstas pelo GDPR, danos à reputação, perda de confiança dos clientes e dos usuários, e até mesmo a proibição de processamento de dados, prejudicando seriamente os projetos de IA.

24. Em que consiste o consentimento explícito e como isso afeta a coleta de dados em IA?

O consentimento explícito é uma autorização clara e específica do usuário para processar seus dados pessoais, frequentemente requerida para categorias de dados sensíveis. Afeta a coleta de dados em IA assegurando que o uso de tais dados estejam alinhado com a vontade do usuário.

25. Como técnicas de obfuscação de dados são aplicadas em IA para assegurar a privacidade?

Técnicas de obfuscação, como a adição de ruído ou mascaramento, alteram os dados para prevenir a identificação direta de indivíduos. São aplicadas em IA para treinar modelos de forma que a privacidade seja mantida sem comprometer significativamente a utilidade dos dados.

26. Qual é a importância da auditoria de privacidade em sistemas de IA?

Auditorias de privacidade são essenciais para avaliar se os sistemas de IA estão em conformidade com políticas e regulamentos de proteção de dados. Elas ajudam a identificar riscos, melhorar as práticas de privacidade e assegurar a confiança dos usuários.

27. De que forma o aprendizado federado protege a privacidade no treinamento de IA?

O aprendizado federado permite que múltiplos dispositivos treinem modelos de IA localmente, compartilhando apenas atualizações de modelo agregadas e anonimizadas, em vez de dados brutos, protegendo a privacidade dos usuários e reduzindo a exposição dos dados.

28. Como a balanceamento de interesses (trade-off) entre privacidade e precisão é gerenciado em IA?

O balanceamento de interesses entre privacidade e precisão é gerenciado através de estratégias que procuram otimizar a utilidade do modelo de IA enquanto respeitam as normativas e expectativas de privacidade, exigindo um ajuste cuidadoso dos métodos de proteção de dados.

29. Em que situações as Avaliações de Impacto à Proteção de Dados (DPIA) são obrigatórias para projetos de IA?

DPIAs geralmente são obrigatórias para projetos de IA que envolvam processamento em larga escala de dados sensíveis, monitoramento sistemático de áreas amplamente acessíveis, ou outras atividades que possam resultar em alto risco para os direitos e liberdades dos indivíduos.

30. Qual o impacto da legislação de privacidade de dados na inovação em IA?

Embora possa impor restrições ao uso de dados, a legislação de privacidade também pode incentivar a inovação, promovendo o desenvolvimento de abordagens de IA mais seguras e éticas, e tecnologias que protejam a privacidade e gerem confiança.

31. O que significa "direito ao esquecimento" em relação à IA e privacidade de dados?

O "direito ao esquecimento" garante que indivíduos podem solicitar a remoção de suas informações pessoais dos bancos de dados de uma IA. Isso previne o uso contínuo de dados antigos ou irrelevantes e protege a privacidade ao longo do tempo.

32. Como a inteligência artificial pode ser utilizada para garantir a conformidade com as leis de privacidade?

IA pode automatizar a análise de grandes volumes de dados para assegurar que as práticas de coleta, armazenamento e processamento estão de acordo com as leis de privacidade, identificando e corrigindo rapidamente possíveis desvios ou violações.

33. De que forma a portabilidade de dados facilitada por IA pode impactar a privacidade dos usuários?

A portabilidade de dados permite que os usuários movam suas informações entre plataformas, aumentando a autonomia sobre os próprios dados. No entanto, é necessário assegurar que essa transferência seja segura e que novos controladores respeitem a privacidade dos dados.

34. Qual a diferença entre anonimização e pseudonimização de dados na IA?

Anonimização é o processo de remover todos os identificadores que ligam os dados a um indivíduo, enquanto pseudonimização substitui estes identificadores por pseudônimos. A pseudonimização é reversível sob condições de segurança, a anonimização não.

35. Como os princípios do Privacy Enhancing Technologies (PETs) são integrados na IA?

PETs são tecnologias que protegem a privacidade do usuário e são integradas na IA para minimizar dados pessoais, gerenciar o consentimento, assegurar a confidencialidade e a integridade dos dados, e implementar controles de acesso rigorosos.

36. Em que consiste a responsabilização no contexto de IA e privacidade de dados?

No contexto de IA (Inteligência Artificial) e privacidade de dados, a responsabilização é um princípio ético e legal que trata da atribuição de responsabilidade pelas ações realizadas por sistemas de IA, e pela gestão e proteção dos dados pessoais.

Este princípio é de extrema importância, considerando o potencial impacto que algoritmos de IA e o uso indevido de dados podem ter sobre indivíduos e a sociedade como um todo.

Responsabilização em IA e privacidade de dados abrange várias dimensões:

1. Transparência. Exige que os processos envolvendo IA sejam transparentes, o que significa que deve ser possível entender e explicar como e por que um sistema de IA tomou uma determinada decisão, bem como rastrear o uso e o fluxo de dados pessoais.

2. Conformidade com regulamentações. A responsabilização implica em conformidade com leis e regulamentos, como o GDPR na União Europeia e a CCPA na Califórnia, que estipulam diretrizes rigorosas sobre o processamento de dados pessoais.

3. Proteção de dados. Organizações devem implementar políticas e tecnologias adequadas para garantir a segurança dos dados que coletam, armazenam e processam, prevenindo acessos não autorizados, vazamento ou perda de informações.

4. Consentimento informado. Os usuários têm o direito de ser informados sobre quais dados estão sendo coletados e como serão utilizados. Deve-se obter o consentimento expresso dos indivíduos para o processamento de seus dados pessoais, exceto em circunstâncias previstas em lei.

5. Avaliação de impacto. Antes de implementar sistemas de IA, especialmente aqueles que processam dados sensíveis, as organizações devem realizar avaliações de impacto sobre a privacidade para identificar e mitigar potenciais riscos.

6. Direito ao esquecimento. Os usuários devem poder solicitar a exclusão de seus dados pessoais quando não são mais

necessários para os fins originais ou quando retirarem o consentimento.

7. Prestação de contas. Organizações devem ser responsabilizadas pelas ações de sistemas de IA que elas criam ou operam. Isso inclui garantir que haja procedimentos adequados para avaliar e remediar qualquer dano que possa ser causado por esses sistemas.

8. Auditorias e fiscalização. Implementação de auditorias regulares e mecanismos de fiscalização para garantir que as práticas de privacidade e as operações de IA estejam em conformidade com os padrões éticos e legais.

9. Gerenciamento de risco. Desenvolvimento e implementação de uma abordagem de gerenciamento de risco para identificar, avaliar e mitigar riscos associados à privacidade de dados e atuação de sistemas de IA.

10. Recursos e apelação. Providenciar aos usuários meios de contestar decisões tomadas por sistemas de IA e de buscar reparação caso seus direitos de privacidade sejam violados.

A responsabilização é crucial para manter a confiança pública em tecnologias de IA e para assegurar que as organizações não apenas cumpram com as leis vigentes, mas também respeitem os valores éticos e sociais.

Um sistema de IA responsável deverá alinhar suas operações com os interesses dos seres humanos a quem ele afeta, e as organizações que utilizam IA devem estar preparadas para responder pelas decisões e ações destes sistemas.

Enfrentar esses desafios requer um esforço colaborativo entre legisladores, pesquisadores, designers de IA, e a sociedade civil para estabelecer normas e práticas que promovam o uso responsável e transparente da Inteligência Artificial e a proteção da privacidade dos dados.

37. De que forma algoritmos de IA podem ajudar na detecção de acessos não autorizados a dados?

Algoritmos de IA podem analisar padrões de acesso aos dados, identificando comportamentos anômalos que possam indicar tentativas de acesso não autorizadas, e podem também prever pontos potenciais de vulnerabilidade para reforçar a segurança.

38. Como a transparência em algoritmos de IA ajuda consumidores a entender o uso de seus dados?

Transparência em algoritmos de IA permite consumidores acessar informações sobre como seus dados são coletados, analisados e utilizados, além das medidas de segurança adotadas, melhorando o entendimento e confiança no uso responsável dos seus dados pessoais.

39. Em que consiste o desafio da "privacidade versus utilidade" em bancos de dados de IA?

O desafio "privacidade versus utilidade" refere-se à tensão entre proteger a privacidade dos indivíduos e manter a qualidade e a utilidade dos dados para treinamento e funcionalidades de IA. Encontrar o equilíbrio certo é crucial para aproveitar o potencial da IA sem comprometer a privacidade.

40. Qual a função de um Data Protection Officer (DPO) em projetos que envolvem IA?

Um DPO é responsável por garantir que um projeto de IA esteja em conformidade com as leis de proteção de dados, aconselhando sobre práticas de privacidade, realizando DPIAs, monitorando a implementação de políticas e atuando como um ponto de contato para autoridades regulatórias.

41. Como o aprendizado de máquina pode ser aplicado para aprimorar políticas de privacidade em IA?

Aprendizado de máquina pode ser aplicado para identificar lacunas em políticas de privacidade, analisando a forma como os dados são manipulados e sugerindo ajustes e melhorias baseados em padrões reconhecidos e melhores práticas de proteção de dados.

42. De que forma os indivíduos podem exercer o controle sobre seus dados em sistemas de IA?

Indivíduos podem exercer controle através de mecanismos de consentimento, solicitação de acesso aos próprios dados, requerendo correções, deletando informações pessoais e até optando por não participar de certas formas de processamento de dados ou uso de IA.

43. Quais estratégias podem ser empregadas para minimizar o viés de dados em IA promovendo a privacidade?

Estratégias incluem a utilização de conjuntos de dados diversificados e representativos, aplicação de técnicas de equalização para balancear classes, e o uso de auditorias de viés para identificar e corrigir tendências discriminatórias, promovendo assim a justiça e a privacidade.

44. Qual é a importância de realizar testes periódicos de segurança em sistemas de IA?

Testes de segurança regulares são cruciais para detectar vulnerabilidades e evitar vazamentos de dados. Eles garantem que as defesas contra acessos ilegítimos sejam eficazes e que os sistemas de IA estejam protegidos contra ameaças emergentes.

45. Como a regulamentação de privacidade de dados pode influenciar o design de interfaces de usuário em IA?

Regulamentações podem influenciar o design de interfaces ao exigir recursos como opções explícitas de consentimento de dados, exibição clara de políticas de privacidade, e a fácil navegação para usuários exercerem seus direitos de privacidade e controle de dados.

46. Em que consistem as auditorias de conformidade de privacidade em IA, e qual sua importância?

Auditorias de conformidade avaliam se os sistemas de IA e as práticas associadas de processamento de dados estão em conformidade com as leis e regulamentos de privacidade.

Elas são importantes para garantir a integridade dos dados, prevenir infrações legais e manter a confiança dos usuários nos serviços de IA.

47. Qual a relação entre ética em IA e políticas de privacidade de dados?

Ética em IA envolve práticas justas e responsáveis que vão além da conformidade legal, levando em conta o respeito pela autonomia e dignidade dos indivíduos. Políticas de privacidade de dados alinhadas com a ética buscam proteger informações pessoais e ser transparentes sobre o uso dos dados.

48. De que forma o tratamento de dados em grande escala por IA pode afetar a privacidade individual?

O tratamento de dados em grande escala pode aumentar o risco de exposição involuntária de informações pessoais e da capacidade de perfilar indivíduos. É vital que tais sistemas de IA possuam mecanismos robustos de proteção de privacidade e governança de dados.

49. Como a proteção de privacidade influencia a escolha de dados para treinar sistemas de IA?

A proteção de privacidade pode limitar o tipo e a quantidade de dados disponíveis para o treinamento de sistemas de IA, o que influencia a seleção de conjuntos de dados que respeitem os princípios de minimização e anonimização de dados.

50. Qual o impacto das técnicas de IA na prevenção e resposta a incidentes de privacidade de dados?

Técnicas de IA, como a detecção de padrões anômalos e a aprendizagem automática, podem identificar e responder a incidentes de privacidade rapidamente, minimizando potenciais danos e auxiliando na recuperação após uma violação de dados.

1 Automação do trabalho.

1. O que significa automação do trabalho em relação à Inteligência Artificial?

Automação do trabalho com IA envolve utilizar sistemas capazes de realizar tarefas que normalmente requerem intervenção humana, como processamento de dados, tomada de decisão e até tarefas físicas, permitindo maior eficiência e redução de custos.

2. Como a Inteligência Artificial está transformando os setores industriais?

Inteligência Artificial está revolucionando os setores industriais através de melhorias como a manutenção preditiva, otimização de cadeias de suprimentos e automação de linhas de produção.

Estas inovações aumentam a produtividade e ajudam na customização em massa.

3. Qual o impacto da automação através da IA na força de trabalho atual?

A automação através da IA pode tanto substituir quanto complementar trabalhadores humanos.

Enquanto alguns empregos são automatizados, novas oportunidades surgem, exigindo requalificação profissional e adaptação às novas demandas do mercado de trabalho.

4. De que forma a Inteligência Artificial contribui para a automação de serviços?

Inteligência Artificial contribui para a automação de serviços ao oferecer soluções como chatbots que lidam com atendimento ao cliente, sistemas de recomendação personalizada e ferramentas de análise de dados que melhoram a eficiência dos serviços prestados.

5. Quais são os desafios éticos envolvidos na automação do trabalho por IA?

Desafios éticos incluem preocupações com desemprego, disparidade salarial e perda de privacidade. Há também debates sobre como manter a autonomia humana e evitar a dependência excessiva de sistemas automatizados em funções críticas.

6. De que maneira a automação influencia a formação e educação de novos profissionais?

A automação influencia a educação ao exigir uma ênfase maior em habilidades tecnológicas, pensamento crítico e flexibilidade de aprendizado. Programas de treinamento devem ser adaptados para preparar os profissionais para colaborar e se adaptar à automação no ambiente de trabalho.

7. Como as pequenas e médias empresas podem se beneficiar da automação com IA?

Pequenas e médias empresas podem se beneficiar da automação por meio da redução de custos operacionais, aumento da eficiência, melhores insights de dados e a capacidade de competir com grandes corporações oferecendo produtos e serviços mais inovadores e personalizados.

8. Em que áreas a automação assistida por IA já é amplamente adotada?

Automação assistida por IA é amplamente adotada em áreas como atendimento ao cliente com chatbots, processamento e análise de dados em larga escala, automação de tarefas administrativas, e em sistemas avançados de recomendação no comércio eletrônico.

9. Quais são as implicações legais da implementação de sistemas de IA para automação do trabalho?

As implicações legais podem incluir questões relativas à responsabilidade por decisões tomadas por IA, proteção de dados, direitos autorais, e a necessidade de regulamentações específicas que orientem a segurança e ética no desenvolvimento e uso desses sistemas.

10. De que maneira a colaboração humana-robô está moldando o futuro do trabalho?

A colaboração humana-robô está criando novas modalidades de trabalho onde humanos e robôs cooperam, otimizando processos e explorando as forças de ambos. Isso resulta em um aumento de produtividade e potencial para inovações no local de trabalho.

11. Quais setores estão mais sujeitos à automação por IA no futuro próximo?

Setores como manufatura, transporte, atendimento ao cliente e finanças estão entre os mais propensos à automação, devido à alta previsibilidade das tarefas e ao volume de processos que podem ser otimizados por sistemas de IA.

12. Como a IA pode ajudar na personalização do trabalho automatizado?

A IA permite a personalização do trabalho automatizado ao analisar dados de desempenho e preferências individuais para ajustar processos e interações. Isso pode resultar em serviços e produtos mais adaptados às necessidades específicas de cada cliente ou situação.

13. Qual o papel dos agentes inteligentes na automação de processos de negócios?

Agentes inteligentes desempenham um papel fundamental na automação de processos de negócios ao realizar tarefas como agendamento, comunicação e tomada de decisão baseada em dados, o que aumenta a eficiência e permite que os funcionários se concentrem em tarefas mais complexas.

14. De que forma as habilidades criativas e emocionais humanas se encaixam em um ambiente de trabalho automatizado?

As habilidades humanas criativas e emocionais são complementares à automação, pois muitas tarefas que requerem empatia, inovação e julgamentos subjetivos ainda são difíceis de serem replicadas por máquinas, e são valorizadas em campos como a arte, psicologia e liderança.

15. Como organizações podem se preparar para a transição para uma força de trabalho mais automatizada?

Organizações podem se preparar planejando requalificação profissional, investindo em novas tecnologias e infraestrutura, atualizando políticas de gestão, e criando uma cultura de aprendizado contínuo que encoraje a adaptação ao novo ambiente de trabalho.

16. Quais são as implicações sociais da substituição de empregos humanos pela automação através da IA?

Implicações sociais incluem potenciais desemprego e desigualdade, mas também oportunidades de novos empregos e modelos de trabalho. Desafios sociais devem ser mitigados com políticas públicas voltadas para educação e requalificação profissional.

17. De que maneira a automação pode alterar a dinâmica de equipes de trabalho?

Automação pode mudar as equipes de trabalho ao liberar funcionários de tarefas repetitivas, permitindo que eles se concentrem em atividades mais estratégicas, colaborativas e criativas, o que potencialmente pode levar a uma maior satisfação no emprego e inovação.

18. Em que circunstâncias a automação por IA poderia ser contraproducente?

A automação por IA poderia ser contraproducente se implantada sem considerar as nuances humanas e contextuais, resultando em perda de empregos, problemas éticos ou decisões ineficazes que não poderiam responder a situações complexas como um humano faria.

19. Como a governança corporativa está se adaptando para abranger a automação e IA?

Governança corporativa está se adaptando ao estabelecer princípios e políticas para uso responsável da IA considerando aspectos éticos, legais e de segurança, e garantindo a transparência e a responsabilidade nas decisões automatizadas.

20. Quais habilidades os trabalhadores devem desenvolver para competir no mercado de trabalho automatizado?

Trabalhadores devem desenvolver habilidades como pensamento crítico, resolução de problemas complexos, criatividade, inteligência emocional e aprender a trabalhar eficientemente com sistemas de IA, além de se manterem atualizados com formações técnicas.

21. Qual o impacto da automação em empregos que requerem habilidades físicas específicas?

A automação pode substituir ou auxiliar empregos físicos, especialmente aqueles com movimentos repetitivos. Robôs e IA estão sendo projetados para tarefas precisas, mas empregos com atividades complexas e variáveis ainda necessitam de habilidades humanas.

22. De que forma os dados gerados por IA e automação podem ser utilizados para melhorar o ambiente de trabalho?

Dados de IA e automação permitem otimizar processos, prever necessidades de manutenção e melhorar a ergonomia. Ao analisar desempenho e condições de trabalho, pode-se aumentar a segurança, a eficiência e o bem-estar dos empregados.

23. Como a automação guiada por IA está influenciando o desenvolvimento rural e agricultura?

Na agricultura, a automação guiada por IA está transformando práticas com sistemas de irrigação inteligente, drones para monitoramento de lavouras, colheita robótica e análises preditivas para maximizar a produtividade com menor impacto ambiental.

24. Quais indústrias são menos prováveis de serem afetadas pela automação e por quê?

Indústrias menos afetáveis geralmente envolvem trabalho criativo, interpessoal ou altamente especializado, como as artes, saúde mental e serviços jurídicos, onde a singularidade humana e o julgamento complexo são difíceis de serem automatizados.

25. Como a automação por IA pode contribuir para a sustentabilidade empresarial?

A IA promove sustentabilidade ao otimizar uso de recursos, melhorar eficiência energética e reduzir desperdício. Empresas podem se tornar mais resilientes e responsáveis, alinhando operações automatizadas com objetivos de desenvolvimento sustentável.

26. Qual a influência da IA na criação de novos modelos de negócios baseados em automação?

A IA possibilita modelos de negócios inovadores ao permitir serviços personalizados e em larga escala, criação de novos produtos baseados em dados e otimização de operações. Isso abre caminhos para empresas que dependem de agilidade e eficiência.

27. Como a automação afeta o equilíbrio entre trabalho e vida pessoal dos funcionários?

A automação pode melhorar o equilíbrio trabalho-vida ao assumir tarefas repetitivas, liberando os funcionários para atividades mais significativas e reduzindo o tempo total necessário de trabalho. No entanto, também pode aumentar a disponibilidade esperada fora do horário de trabalho.

28. De que maneira a automação e IA podem ajudar na inclusão e diversidade no local de trabalho?

Automatizando tarefas que poderiam ser limitantes, a IA pode criar um ambiente de trabalho mais inclusivo para pessoas com deficiência. Além disso, sistemas de IA podem auxiliar na superação de viés de contratação e promover uma força de trabalho mais diversificada.

29. Qual o papel da interação homem-máquina no sucesso da automação de trabalhos?

A interação homem-máquina é vital para o sucesso da automação, pois uma colaboração eficaz aumenta a produtividade e a satisfação. Uma boa interface e entendimento mútuo das capacidades e limitações são fundamentais para uma parceria eficiente.

30. Como medidas de segurança cibernética se integram com a automação de trabalho por IA?

Com a automação de IA se tornando central nas operações, a segurança cibernética torna-se crítica. Sistemas de automação devem ser protegidos contra ameaças digitais e vulnerabilidades para evitar falhas significativas e vazamentos de dados.

31. Quais são as vantagens da automação com IA em termos de escalabilidade de negócios?

A automação com IA permite que as empresas escalem operações rapidamente, adaptando-se a demandas flutuantes sem a necessidade de aumentar proporcionalmente a força de trabalho, mantendo custos baixos e aumentando a capacidade de crescimento e adaptação.

32. De que forma a IA pode auxiliar na tomada de decisões estratégicas corporativas?

A IA pode analisar grandes volumes de dados complexos para identificar padrões e tendências, fornecendo insights que auxiliam na tomada de decisões estratégicas mais informadas e orientadas por dados, melhorando a competitividade e o planejamento a longo prazo.

33. Como a automação influencia a gestão de talentos nas organizações?

A automação redefine a gestão de talentos ao deslocar o foco para habilidades complementares à IA, como criatividade e inteligência emocional. Gestores devem identificar e desenvolver essas habilidades, além de promover a requalificação para as necessidades emergentes.

34. Qual é a relação entre automação via IA e o aumento da produtividade nas empresas?

A automação aumenta a produtividade ao realizar tarefas mais rápido e com menos erros do que humanos, permitindo que as empresas processem um volume maior de trabalho e liberem funcionários para se concentrarem em tarefas de alto valor agregado.

35. De que maneira a transparência operacional é afetada pela automação de processos?

A automação pode tanto melhorar quanto obscurecer a transparência operacional. Por um lado, sistematiza e registra processos, facilitando o monitoramento. Por outro, algoritmos complexos de IA podem ser difíceis para não especialistas entenderem.

36. Como a IA e a automação se relacionam com o conceito de trabalho remoto ou a distância?

A IA e a automação favorecem o trabalho remoto ao proporcionar ferramentas e sistemas que permitem a colaboração e a execução de tarefas de maneira eficaz fora de um ambiente de escritório tradicional, ampliando as possibilidades de flexibilidade e acessibilidade no trabalho.

37. De que maneira a automação alimentada por IA pode ser aplicada para melhorar a satisfação do cliente?

A automação via IA melhora a satisfação do cliente ao personalizar interações, responder rapidamente a consultas e prever necessidades, resultando em serviços mais eficientes e uma experiência mais agradável que atenda ou até supere as expectativas dos consumidores.

38. Quais os principais desafios encontrados na implementação de sistemas de IA para automação?

Desafios incluem a integração com sistemas legados, a necessidade de dados de alta qualidade, a adaptação cultural dentro das organizações, questões de privacidade e segurança, e a gestão de mudanças necessárias para que colaboradores aceitem e adotem novas tecnologias.

39. Em que medida a automação por IA pode contribuir para a redução de custos operacionais?

A automação proporcionada pela IA pode significativamente reduzir custos operacionais ao diminuir a necessidade de mão de obra para tarefas repetitivas e otimizar o uso de recursos, melhorando a eficiência geral e a tomada de decisões baseada em dados.

40. Como o aprendizado contínuo se encaixa na evolução do ambiente de trabalho com automação?

O aprendizado contínuo é essencial na era da automação para que trabalhadores acompanhem as mudanças tecnológicas e agreguem novas habilidades e competências que os mantenham relevantes e competitivos em um mercado de trabalho em constante evolução.

41. Qual o papel da análise preditiva na otimização de processos automatizados por IA?

A análise preditiva na automação por IA ajuda a prever tendências e comportamentos futuros com base em dados históricos, permitindo ajustes proativos em processos operacionais, redução de tempo de inatividade e aprimoramento contínuo da eficiência.

42. De que forma a IA está transformando as práticas tradicionais de recrutamento e seleção?

A IA está revolucionando o recrutamento ao automatizar a triagem de currículos, auxiliando na avaliação de candidatos com algoritmos de correspondência de habilidades, e utilizando análise de dados para identificar os melhores talentos de forma mais rápida e objetiva.

43. Como a automação de IA pode impactar a ergonomia do local de trabalho?

A automação via IA pode melhorar a ergonomia ao assumir tarefas físicas extenuantes e repetitivas, reduzindo lesões e fadiga dos trabalhadores. Além disso, sistemas inteligentes podem adaptar ambientes de trabalho para atender às necessidades ergonômicas específicas.

44. Quais são as considerações éticas da delegação de tarefas sensíveis para a IA?

As considerações éticas incluem o impacto das decisões automatizadas na vida das pessoas, a privacidade dos dados e a transparência.

É crucial que tarefas sensíveis delegadas à IA sejam supervisionadas e que haja responsabilidade clara nas consequências dessas ações.

45. De que maneira as startups podem aproveitar a automação para competir no mercado?

Startups podem utilizar a automação para operar com eficiência e agilidade, mesmo com equipes reduzidas.

A IA possibilita oferecer produtos inovadores e serviços personalizados, proporcionando uma vantagem competitiva frente a empresas maiores e mais estabelecidas.

46. Como a IA está redefinindo o conceito de "trabalho qualificado" na era da automação?

A IA está expandindo a definição de trabalho qualificado para incluir a capacidade de interagir e complementar sistemas automatizados, além de exigir um conjunto de habilidades técnicas atualizadas, pensamento analítico e adaptabilidade a novas tecnologias e métodos de trabalho.

47. De que forma a automação por IA pode ser regulada para assegurar práticas trabalhistas justas?

A regulação da automação por IA pode envolver a criação de leis e diretrizes que promovam a requalificação profissional, protejam empregos vulneráveis, assegurem a responsabilidade por decisões automatizadas e mantenham padrões éticos no uso de tecnologias de inteligência artificial.

48. Quais são as barreiras técnicas enfrentadas na integração da IA em sistemas de automação existentes?

Barreiras técnicas incluem a interoperabilidade com sistemas legados, a necessidade de dados de alta qualidade, dificuldades na configuração e manutenção de algoritmos de IA, e a garantia de que as soluções automatizadas respondam adequadamente às condições de trabalho dinâmicas.

49. Em que capacidade a IA e a automação podem afetar as políticas de recursos humanos?

IA e automação influenciam as políticas de RH ao modificar os perfis de trabalho requeridos, exigir estratégias de desenvolvimento profissional contínuo, moldar novas normas de emprego e capacitar gestores com ferramentas analíticas para decisões baseadas em dados.

50. Como a automação inteligente pode ser aplicada no setor público para melhorar os serviços governamentais?

A automação inteligente pode ser aplicada no setor público para processamento eficiente de documentos, fornecimento de serviços de atendimento ao cidadão 24/7, otimização de recursos e suporte à tomada de decisão política com análises baseadas em dados, melhorando a transparência e eficácia dos serviços governamentais.

2   Modelos de linguagem de grande escala - LLMs.

1. O que são Modelos de Linguagem de Grande Escala (LLMs) no contexto de Inteligência Artificial?

Modelos de Linguagem de Grande Escala (LLMs) são sistemas de IA que são treinados em grandes conjuntos de dados textuais para entender, gerar e traduzir linguagem humana de forma coerente e contextual. São usados em várias aplicativos que vão desde chatbots até a análise de sentimentos.

2. Como os LLMs são treinados para compreender contextos linguísticos complexos?

LLMs são treinados utilizando técnicas de aprendizado profundo, em especial redes neurais de transformadores, que processam vastas quantidades de texto e aprendem a reconhecer padrões linguísticos, estrutura gramatical e nuances contextuais para gerar respostas apropriadas.

3. Quais são as principais arquiteturas utilizadas em LLMs?

As arquiteturas mais comuns e influentes em LLMs (Large Language Models), incluem:

1. Transformer. Este é o modelo base que introduziu a arquitetura de rede neural transformer. Ele é composto por mecanismos de atenção e camadas de feedforward para capturar informações contextuais em longas sequências de texto.
2. BERT (Bidirectional Encoder Representations from Transformers). O BERT é um modelo pré-treinado de transformers que utiliza um processo de pré-treinamento de

linguagem bidirecional. Isso significa que o modelo captura informações contextuais de palavras tanto à esquerda quanto à direita da palavra alvo, permitindo uma compreensão mais profunda do contexto.

3. GPT (Generative Pretrained Transformer). Desenvolvido pela OpenAI, o GPT é um modelo que utiliza transformers em uma arquitetura de modelo de linguagem generativo. Ele é treinado para prever a próxima palavra em uma sequência de texto, gerando continuamente texto coeso e fluente.

4. T5 (Text-to-Text Transfer Transformer). O T5 é um modelo que segue a abordagem "text-to-text" para o processamento de linguagem, onde todas as tarefas de NLP (Processamento de Linguagem Natural) são formuladas como tarefas de conversão de texto para texto. Ele demonstrou desempenho significativamente melhor em uma variedade de tarefas de NLP.

Essas arquiteturas são conhecidas por sua capacidade de realizar tarefas avançadas de processamento de linguagem natural, como tradução automática, geração de texto, resolução de questões e classificação de documentos, entre outras.

São especificamente projetadas para lidar com grandes conjuntos de dados e aprender representações avançadas e contextuais, o que as torna ideais para tarefas complexas que envolvem compreensão e geração de linguagem natural.

4. De que forma LLMs podem ser aplicados no campo da tradução automática?

LLMs são aplicados em tradução automática ao aprender a identificar padrões linguísticos em diversos idiomas, possibilitando a tradução de textos com precisão crescente e mantendo o contexto e nuances culturais do material original.

5. Qual o papel dos LLMs na acessibilidade digital?

LLMs desempenham um papel fundamental na acessibilidade ao transformar texto em fala e fala em texto, ajudando pessoas com deficiências visuais ou auditivas a se comunicarem mais facilmente e acessarem conteúdo em diversos formatos digitais.

6. Como os LLMs lidam com ambiguidades e sarcasmo no processamento de linguagem natural?

LLMs lidam com ambiguidades e sarcasmo usando algoritmos avançados para interpretar contextos e intenções.

O treinamento com conjuntos de dados variados inclui exemplos de uso figurado da linguagem, permitindo aos modelos uma melhor compreensão dos matizes que caracterizam o discurso humano.

Esses modelos são desenhados para analisar padrões de palavras, a estrutura das frases e até mesmo elementos de conhecimento comum ou cultural que ajudam a determinar o significado por trás das palavras.

Por exemplo, eles podem se basear em sinais como o contraste entre expressões positivas e negativas, a presença de termos geralmente associados ao sarcasmo ou à ironia, e o contexto situacional em que a frase é proferida.

Contudo, essa tarefa continua sendo um desafio substancial nos campos de processamento de linguagem natural e inteligência artificial. Os LLMs podem não identificar de forma consistente o sarcasmo ou ambiguidade, especialmente se eles forem sutis ou se a informação contextual não for suficiente.

A progressão da tecnologia LLM, como avanços no entendimento de coesão e coerência de texto, pode proporcionar melhorias, mas ambiguidades e sarcasmo permanecem aspectos intrinsecamente difíceis de compreender para as máquinas.

7. De que maneira os LLMs impactam o desenvolvimento de assistentes virtuais?

LLMs impactam o desenvolvimento de assistentes virtuais ao prover a capacidade de compreender e responder a comandos de voz e texto de maneira natural e precisa, melhorando a interatividade e a utilidade de assistentes como Siri, Alexa e Google Assistant.

8. Quais as implicações éticas associadas ao uso de LLMs?

As implicações éticas incluem o potencial de reforçar viés existente em dados de treinamento, a disseminação de desinformação, questões de privacidade no uso dos dados e a autoria do conteúdo gerado, exigindo discussões sobre governança e regulamentações adequadas.

9. Como a personalização é implementada em LLMs para diferentes usuários e domínios?

A personalização em LLMs é possível ajustando modelos com dados específicos do usuário ou do domínio, possibilitando que o sistema reconheça melhor o estilo de linguagem e termos técnicos relacionados a um campo de conhecimento ou preferências individuais.

10. De que forma a capacidade de compreensão de texto afeta a eficiência dos LLMs em tarefas específicas?

A capacidade de compreensão de texto é fundamental para a eficiência dos LLMs, determinando o desempenho em tarefas como resumo de texto, resposta a perguntas e interações do usuário, onde a precisão na interpretação de informação se traduz em respostas mais relevantes e acuradas.

11. Qual o impacto dos LLMs na indústria de conteúdo e mídia?

LLMs têm um impacto significativo na indústria de conteúdo e mídia ao automatizar a produção de artigos, personalizar feeds de notícias, gerar ideias criativas para roteiros e fornecer análises de sentimentos em comentários e redes sociais, influenciando as estratégias de comunicação e marketing.

12. Como a taxa de erro de LLMs é mensurada e melhorada ao longo do tempo?

A taxa de erro de LLMs é mensurada através de benchmarks e tarefas de validação que avaliam a acurácia das respostas geradas. Esses erros são reduzidos com mais treinamento, refinamento dos algoritmos e uso de feedback contínuo para ajustar os modelos e melhorar a performance.

13. Qual a importância da diversidade de dados no treinamento de LLMs?

A diversidade de dados é crucial no treinamento de LLMs para garantir que o modelo possa compreender e gerar texto de forma inclusiva, reconhecendo e respeitando variações linguísticas e culturais, e para evitar a propagação de vieses.

14. De que forma os LLMs estão transformando a educação e a aprendizagem online?

LLMs estão revolucionando a educação ao possibilitar tutores virtuais personalizados, facilitar a avaliação automatizada de textos, e proporcionar interfaces de linguagem natural que tornam o aprendizado online mais interativo e adaptável às necessidades dos alunos.

15. Como a IA em LLMs pode ajudar na detecção e filtragem de discurso de ódio online?

A IA em LLMs pode auxiliar na detecção de discurso de ódio analisando padrões de linguagem e contextos nos quais tal discurso possa ocorrer, permitindo a filtragem e a moderação automática em plataformas online e redes sociais.

16. Qual o desempenho dos LLMs em relação ao entendimento de contextos multilíngues?

LLMs treinados em corpora multilíngues podem alcançar um excelente desempenho no entendimento de contextos multilíngues, traduzindo e reconhecendo nuances entre diferentes idiomas, embora ainda possam enfrentar desafios com dialetos e línguas menos representadas.

17. Em que áreas de pesquisa os LLMs contribuem significativamente?

LLMs contribuem em áreas como processamento de linguagem natural, ciências computacionais, linguística, psicologia cognitiva, e também em setores como jurídico e de saúde, ao processar e sintetizar grandes volumes de texto técnico e literatura especializada.

18. Como os LLMs podem influenciar o futuro do jornalismo e da redação de notícias?

LLMs podem afetar o jornalismo ao automatizar a redação de notícias sobre tópicos padronizados e auxiliar na coleta de dados e síntese de informações, possibilitando que jornalistas se concentrem em aspectos mais investigativos e críticos da profissão.

19. Quais estratégias são utilizadas para manter LLMs atualizados com novas informações e tendências?

Estratégias incluem o retrabalho contínuo dos modelos com novos dados, implementação de algoritmos de aprendizado contínuo e atualização constante dos conjuntos de dados para refletir as últimas tendências e atualizações informativas.

20. De que maneira os LLMs podem ser usados para melhorar as interações em mídias sociais?

LLMs podem melhorar as interações em mídias sociais ao facilitar a comunicação mais natural e humana entre usuários e marcas, gerenciar de forma eficiente as perguntas frequentes e proporcionar análises sentimentais em comentários e publicações.

21. Qual o papel dos LLMs na análise e geração de conteúdo criativo, como poesia e prosa?

LLMs podem ser utilizados para gerar conteúdo criativo por aprenderem padrões estilísticos e estruturais de textos literários, criando peças únicas que se assemelham a trabalhos humanos, embora a originalidade e emoção ainda sejam desafios.

22. Como a segurança da informação é tratada em LLMs que processam dados sensíveis?

Em LLMs que manuseiam dados sensíveis, segurança da informação é tratada com técnicas como anonimização de dados, medidas de criptografia, políticas rigorosas de gestão de acesso e conformidade com regulamentos de privacidade de dados como o GDPR.

23. De que forma LLMs podem transformar a experiência do cliente em serviços de suporte?

LLMs podem transformar a experiência de suporte ao cliente proporcionando respostas rápidas, precisas e contextuais, reduzindo tempos de espera e personalizando o atendimento com base no histórico de interações anteriores, resultando em um serviço mais eficiente e satisfatório.

24. Qual é a capacidade dos LLMs de gerar texto original e qual é o impacto disso na propriedade intelectual?

LLMs têm a capacidade de gerar texto que parece original ao combinar e reestruturar informações aprendidas. Isso levanta questões de propriedade intelectual, uma vez que determinar a autoria e os direitos sobre conteúdo gerado por máquina pode ser complexo.

25. De que maneira os LLMs estão sendo usados em terapia e apoio à saúde mental?

LLMs estão sendo empregados em terapia e saúde mental para fornecer suporte imediato via chatbots que oferecem conselhos e técnicas de enfrentamento, além de análise de padrões de fala que podem indicar estados emocionais ou mentais.

26. Como os LLMs estão afetando o campo do direito e a análise legal?

LLMs estão impactando o direito ao automatizar a análise de documentos, identificando precedentes e tendências legais, e auxiliando na elaboração e revisão de contratos, tornando o trabalho mais eficiente e acessível a profissionais da área.

27. De que forma podemos garantir que os LLMs sejam inclusivos e representem diversas variantes linguísticas?

Para assegurar que os LLMs sejam inclusivos, é essencial treinar modelos com conjuntos de dados que representem uma ampla gama de variantes linguísticas, culturas e dialetos, além de dar suporte a idiomas menos comuns e formas de comunicação.

28. Quais são os desafios na interpretação de linguagem figurada e expressões idiomáticas por LLMs?

Interpretar linguagem figurada e expressões idiomáticas é desafiador para LLMs, pois requer compreensão além do literal. Isso pode ser amenizado com treinamento em contextos específicos e instrução explícita sobre o uso de tais expressões.

29. De que maneira os LLMs podem ser otimizados para processamento em tempo real de linguagem natural?

A otimização de LLMs para processamento em tempo real envolve melhorias na eficiência computacional, uso de algoritmos mais rápidos e técnicas como quantização e destilação de modelos, possibilitando que a IA responda de maneira ágil em aplicações como assistentes de voz e chatbots interativos.

30. Como os LLMs podem auxiliar em missões de resgate e situações de emergência?

LLMs podem ser utilizados em missões de resgate e emergências para processar e interpretar rapidamente comunicações, identificar informações críticas em dados textuais e de voz e fornecer respostas automáticas ou instruções em cenários de crise.

31. De que maneira os avanços em LLMs estão influenciando o campo da semântica computacional?

Avanços em LLMs impulsionam a semântica computacional ao aprimorar a capacidade de máquinas entenderem e utilizarem significados implícitos em linguagem, lidando com contexto, intenção e variações no uso da linguagem.

32. Quais são as limitações dos LLMs na geração de narrativas longas e coerentes?

Limitações dos LLMs na geração de narrativas longas incluem manter coerência e consistência temática, bem como desenvolver personagens e enredos complexos sem perder o foco ou se tornar repetitivos.

Isso é frequentemente abordado com técnicas avançadas de aprendizado e design de algoritmos.

33. De que forma LLMs contribuem para o avanço de interfaces de usuário intuitivas e naturais?

LLMs contribuem para interfaces de usuário ao permitir que sistemas de IA interpretem e respondam a linguagem humana de forma mais natural, facilitando a interação com tecnologias, especialmente para usuários sem conhecimento técnico especializado.

34. Qual é a importância da retroalimentação e do feedback humano no treinamento de LLMs?

A retroalimentação humana é vital no treinamento de LLMs para corrigir erros, refinar o entendimento contextual e garantir que as respostas se alinhem com os valores e expectativas éticas, ajudando a evitar a propagação de informações incorretas ou prejudiciais.

35. Como a implementação de LLMs afeta o futuro do atendimento ao consumidor?

A implementação de LLMs no atendimento ao consumidor tem o potencial de otimizar o suporte, oferecer interações mais personalizadas e eficientes, liberando funcionários humanos para se concentrarem em questões mais complexas e melhorando a satisfação do cliente.

36. De que maneira os LLMs lidam com a detecção de informações falsas ou enganosas?

LLMs lidam com informações falsas ou enganosas através do treinamento para reconhecer indicadores de inveracidade e parcialidade, e alguns são integrados a sistemas de verificação de fatos para melhor discernir a credibilidade do conteúdo e reduzir a disseminação de desinformação.

37. Quais são os efeitos do tamanho do modelo e da capacidade computacional nos resultados dos LLMs?

O tamanho do modelo e a capacidade computacional têm impacto direto no desempenho dos LLMs, onde modelos maiores geralmente produzem resultados mais precisos e sofisticados, mas exigem mais recursos computacionais, energia e tempo de treinamento.

38. Como a interoperabilidade entre diferentes LLMs pode ser alcançada?

A interoperabilidade entre LLMs pode ser alcançada por meio de padrões abertos, APIs compatíveis, e formatos de dados uniformizados, possibilitando a comunicação e o compartilhamento de conhecimento entre diferentes sistemas de IA de forma eficiente.

39. De que forma a IA explicável se aplica aos LLMs e por que é importante?

IA explicável se aplica aos LLMs ao buscar tornar compreensíveis os processos e resultados de um modelo de IA, o que é importante para a transparência, confiança do usuário e para a capacidade de identificar e corrigir falhas ou vieses no sistema.

40. Como LLMs são utilizados para aprimorar sistemas de busca e informações?

LLMs são utilizados em sistemas de busca para compreender consultas em linguagem natural, proporcionar respostas mais relevantes e personalizadas, e organizar informações de uma maneira que reflita melhor as intenções e contextos específicos dos usuários, melhorando assim a experiência geral de busca.

41. De que maneira os LLMs podem auxiliar na criação de cenários para treinamentos simulados e educação?

LLMs podem criar cenários realistas e detalhados para simulações de treinamento e educação, possibilitando interações dinâmicas baseadas em linguagem natural e gerando conteúdo adaptável ao progresso e respostas dos aprendizes.

42. Como a capacidade de generalização de LLMs é avaliada e aprimorada?

A capacidade de generalização de LLMs é avaliada por meio de testes em vários domínios e tipos de tarefas, e aprimorada através de treinamento em conjuntos de dados diversificados e uso de técnicas avançadas de regularização para evitar o sobreajuste.

43. Quais são os impactos dos LLMs nas indústrias criativas, como música e artes?

LLMs têm impactos significativos nas indústrias criativas ao auxiliar na geração de letras de música, scripts de teatro e literatura, fornecendo uma ferramenta adicional para criadores explorarem novas ideias e perspectivas em suas obras.

44. De que forma os LLMs podem ser personalizados para diferentes perfis culturais e linguísticos?

LLMs podem ser personalizados para perfis culturais e linguísticos específicos através de treinamento focado em textos e exemplos que refletem as linguagens, dialetos, idiomas e nuances culturais desses grupos, aprimorando sua relevância e eficácia.

45. Como os desafios de processamento de idiomas de baixa densidade (poucos recursos) por LLMs são superados?

Desafios com idiomas de baixa densidade são superados por LLMs ao usar técnicas como transferência de aprendizado, onde modelos treinados em idiomas com muitos recursos são adaptados para idiomas menos representados, e por meio de colaborações com falantes nativos para enriquecer os conjuntos de dados.

46. De que maneira os LLMs podem ser empregados para melhorar a precisão de ferramentas de moderação de conteúdo?

LLMs podem ser empregados em ferramentas de moderação de conteúdo ao analisar grandes volumes de interações em tempo real, identificando e filtrando conteúdo impróprio ou nocivo com base em padrões aprendidos e diretrizes predefinidas.

47. Qual é o potencial dos LLMs para a geração de descrições automatizadas de imagens (captioning)?

LLMs têm grande potencial para geração de descrições automatizadas de imagens ao combinar visão computacional com processamento de linguagem natural, permitindo que máquinas interpretem imagens e gerem legendas detalhadas e contextuais.

48. Como as tendências emergentes em LLMs estão moldando a evolução da IA?

Tendências emergentes em LLMs, como modelos mais poderosos e especializados, interfaces cérebro-computador e IA ética, estão influenciando a trajetória da IA ao expandir suas capacidades, usabilidade e alinhamento com valores humanos.

49. De que forma os LLMs podem contribuir para a personalização de experiências em jogos e entretenimento digital?

LLMs podem contribuir para jogos e entretenimento ao gerar diálogos dinâmicos e histórias ramificadas, adaptando-se aos estilos dos jogadores e criando experiências de narrativa interativa que são únicas para cada usuário.

50. Como a transparência e a governança de LLMs estão sendo abordadas pela comunidade científica e reguladores?

A transparência e a governança de LLMs são abordadas por meio de pesquisas sobre IA explicável, desenvolvimento de frameworks éticos, discussões sobre responsabilidade legal e criação de diretrizes sobre como lidar com vieses, privacidade e controle da tecnologia.

51. Como a validação cruzada é utilizada no aprendizado supervisionado?

A validação cruzada é uma técnica utilizada para avaliar a capacidade de generalização de um modelo de aprendizado supervisionado, dividindo o conjunto de dados em partes, treinando o modelo em algumas delas e testando-o nas restantes, repetindo o processo várias vezes e calculando a média dos resultados.

52. De que maneira o aprendizado não supervisionado auxilia na análise de grandes conjuntos de dados?

O aprendizado não supervisionado pode processar e extrair insights de grandes conjuntos de dados sem rótulos ao identificar padrões inerentes e estruturas subjacentes nos dados, como agrupamentos naturais, sem a necessidade de supervisão humana ou exemplos pré-definidos.

53. Quais são as principais métricas de desempenho no aprendizado supervisionado?

Principais métricas de desempenho no aprendizado supervisionado incluem precisão, revocação, F1-score e área sob a curva ROC (Receiver Operating Characteristic). Estas métricas ajudam a avaliar a eficácia de um modelo na classificação ou previsão correta das saídas.

54. Como o método dos k-means é aplicado no aprendizado não supervisionado?

O método dos k-means é uma técnica de clusterização no aprendizado não supervisionado que agrupa dados com base na proximidade do ponto de dados a um dos 'k' centros previamente definidos, atualizando dinamicamente esses centros até que a solução se estabilize.

55. Qual o papel do aprendizado supervisionado em sistemas de visão computacional?

No aprendizado supervisionado, os sistemas de visão computacional dependem de grandes volumes de dados rotulados de imagens para treinar modelos que podem reconhecer e classificar objetos, realizar detecção de bordas, segmentação e outras tarefas visuais complexas.

56. De que forma o aprendizado não supervisionado pode extrair características relevantes dos dados?

Através de técnicas como análise de componentes principais (PCA) e autoencoders, o aprendizado não supervisionado encontra padrões e correlações nos dados que permitem reduzir a dimensão do espaço de características, destacando as mais relevantes para a compreensão da estrutura oculta na coleta de dados.

57. Quais algoritmos comuns são usados no aprendizado supervisionado?

Algoritmos comuns no aprendizado supervisionado incluem regressão linear, regressão logística, máquina de vetores de suporte (SVM), árvores de decisão, florestas aleatórias e redes neurais. Cada um tem sua aplicação específica e características distintas.

58. Como o agrupamento hierárquico funciona no contexto de aprendizado não supervisionado?

O agrupamento hierárquico no aprendizado não supervisionado cria uma árvore de clusters que organiza os dados em uma estrutura hierárquica de grupos aninhados, revelando relações entre os agrupamentos em diferentes níveis e facilitando a interpretação e análise.

59. De que maneira o overfitting é abordado no aprendizado supervisionado?

Overfitting no aprendizado supervisionado é combatido com técnicas como regularização, validação cruzada, aumento de dados, poda nas árvores de decisão, e garantindo que o modelo tenha um número adequado de parâmetros para a complexidade dos dados.

60. Qual a relação entre aprendizado não supervisionado e sistemas de detecção de anomalias?

O aprendizado não supervisionado é particularmente adequado para a detecção de anomalias, uma vez que pode identificar padrões que diferem significativamente da norma nos dados sem a necessidade de exemplos rotulados de eventos anômalos.

61. Como as redes neurais são treinadas no aprendizado supervisionado?

As redes neurais no aprendizado supervisionado são treinadas usando um conjunto de dados rotulados e um algoritmo de retropropagação para ajustar os pesos sinápticos da rede, a fim de minimizar a diferença entre as previsões do modelo e as saídas reais conhecidas.

62. De que forma a normalização dos dados afeta técnicas de aprendizado não supervisionado?

A normalização dos dados é fundamental no aprendizado não supervisionado para garantir que todas as características tenham a mesma escala, impedindo que variáveis com valores maiores dominem o processo de aprendizado e permitindo que o algoritmo identifique padrões mais sutis e significativos em todas as características de maneira uniforme.

63. Qual a importância de conjuntos de dados de teste separados no aprendizado supervisionado?

Conjuntos de dados de teste são cruciais no aprendizado supervisionado para avaliar a capacidade de generalização do modelo em dados não vistos durante o treinamento, garantindo que o desempenho medido reflita precisamente a eficácia do modelo.

64. Como o aprendizado por reforço se relaciona com o aprendizado supervisionado e não supervisionado?

O aprendizado por reforço é distinto do supervisionado e do não supervisionado, pois se fundamenta na interação com um ambiente para aprender políticas de ação que maximizam uma recompensa acumulativa, ao invés de aprender diretamente a partir de dados rotulados ou de encontrar padrões.

65. De que maneira algoritmos de agrupamento são validados no aprendizado não supervisionado?

Algoritmos de agrupamento no aprendizado não supervisionado são validados através de métricas específicas, como o índice de silhueta ou o coeficiente de Davies-Bouldin, e por vezes com base na interpretação e utilidade dos grupos formados em contextos reais de aplicação.

66. Qual o impacto da qualidade dos dados no desempenho do aprendizado supervisionado?

A qualidade dos dados tem um grande impacto no desempenho do aprendizado supervisionado; dados imprecisos, incompletos ou com vieses podem levar a previsões incorretas, enquanto bons dados melhoram a acurácia e a confiabilidade do modelo.

67. De que forma iniciantes podem praticar técnicas de aprendizado não supervisionado?

Iniciantes podem praticar técnicas de aprendizado não supervisionado por meio de conjuntos de dados públicos e utilizando plataformas e ferramentas de ciência de dados, como scikit-learn em Python, para explorar e aplicar métodos diferentes como k-means, PCA e agrupamento hierárquico.

68. Quais são as principais diferenças entre regressão e classificação no aprendizado supervisionado?

A principal diferença entre regressão e classificação no aprendizado supervisionado reside nas saídas: a regressão lida com saídas contínuas, buscando prever um valor numérico, enquanto a classificação lida com saídas categóricas para atribuir rótulos predefinidos aos exemplos de entrada.

69. Como o processamento de linguagem natural (PLN) se beneficia do aprendizado não supervisionado?

O PLN se beneficia do aprendizado não supervisionado ao utilizar técnicas para descobrir estruturas linguísticas, como tópicos ou padrões gramaticais, em grandes volumes de texto sem rotulação manual, ajudando a entender e processar a linguagem humana em grande escala.

70. Qual é a efetividade de modelos baseados em árvores no aprendizado supervisionado?

Modelos baseados em árvores, como árvores de decisão e florestas aleatórias, são altamente efetivos no aprendizado supervisionado por sua habilidade de capturar padrões não lineares e interações entre características, sendo robustos a diferentes tipos de dados.

71. De que maneira a associação de regras é usada no aprendizado não supervisionado?

A associação de regras no aprendizado não supervisionado é usada para identificar relações frequentes entre variáveis em grandes bancos de dados, como padrões de compra em supermercados, o que pode ser fundamental para a tomada de decisões de negócios e marketing.

72. Quais são os riscos de subajuste (underfitting) no aprendizado supervisionado e como preveni-los?

Subajuste ocorre quando um modelo é simples demais para capturar a complexidade dos dados e pode ser prevenido com técnicas como aumento das características, uso de modelos mais complexos e garantindo que o treinamento seja suficiente.

73. Como a limpeza e preparação dos dados influenciam os resultados de técnicas de aprendizado não supervisionado?

A limpeza e preparação dos dados são fundamentais para os resultados no aprendizado não supervisionado, pois eliminam ruídos e inconsistências que podem distorcer padrões e afetar a qualidade dos agrupamentos ou associações descobertas pelo algoritmo.

74. Qual é o impacto da escolha das características (feature selection) no aprendizado supervisionado?

A escolha das características tem um impacto significativo no aprendizado supervisionado, pois determina quais informações o modelo terá acesso para fazer previsões. Características relevantes e informativas melhoram a precisão e eficiência do modelo, enquanto características irrelevantes ou redundantes podem prejudicar o desempenho.

75. De que maneira algoritmos genéticos podem ser integrados ao aprendizado não supervisionado?

Algoritmos genéticos podem ser usados no aprendizado não supervisionado para otimizar a seleção de características ou parâmetros do algoritmo, aplicando conceitos de evolução e seleção natural para encontrar a melhor solução em meio a um grande espaço de possibilidades.

76. Como o aprendizado supervisionado é aplicado na predição de séries temporais?

No aprendizado supervisionado, modelos de predição de séries temporais são treinados com dados históricos onde cada ponto de dados é rotulado com valores em momentos futuros, permitindo ao modelo aprender a reconhecer padrões temporais e fazer previsões precisas.

77. Qual a importância do dimensionamento de características no aprendizado não supervisionado?

O dimensionamento de características é vital no aprendizado não supervisionado, pois muitos algoritmos são sensíveis a variações de escala e podem interpretar características com intervalos maiores como sendo mais importantes, mesmo que não sejam.

78. Quais abordagens são utilizadas para combater o desequilíbrio de classes no aprendizado supervisionado?

Abordagens para combater o desequilíbrio de classes incluem técnicas de reamostragem, como sobreamostragem da classe minoritária ou subamostragem da classe majoritária, e métodos que adaptam o algoritmo de aprendizado para ser mais sensível às classes menos representadas.

79. De que forma a representação distribuída é utilizada em conjunto com o aprendizado não supervisionado?

A representação distribuída, usada em modelos como word embeddings, é aplicada no aprendizado não supervisionado para capturar relações semânticas e sintáticas das palavras em um texto, permitindo analisar a estrutura e o significado da linguagem em espaços de características de alta dimensão, o que contribui para uma variedade de tarefas de PLN.

80. Quais são os principais desafios ao usar algoritmos de aprendizado supervisionado em dados não estruturados?

Desafios ao usar aprendizado supervisionado em dados não estruturados incluem a necessidade de pré-processamento extensivo para extrair características relevantes, lidar com formatos de dados variados e a complexidade de obter rótulos precisos para treinamento em grandes volumes de dados.

81. Como técnicas de redução de dimensão são aplicadas no aprendizado não supervisionado?

Técnicas de redução de dimensão, como PCA e t-SNE, são aplicadas no aprendizado não supervisionado para simplificar os dados preservando sua estrutura essencial, facilitando a visualização, interpretação e identificação de padrões nos dados.

82. De que maneira modelos ensembles aprimoram o desempenho no aprendizado supervisionado?

Modelos ensembles aprimoram o desempenho combinando múltiplos modelos de aprendizado supervisionado para obter previsões mais estáveis e acuradas, reduzindo o risco de overfitting e aproveitando as forças individuais de diferentes algoritmos.

83. Qual o papel da aprendizagem semissupervisionada na inteligência artificial?

A aprendizagem semissupervisionada, que combina técnicas supervisionadas e não supervisionadas, permite o uso eficiente de dados não rotulados para melhorar o desempenho de modelos e é particularmente útil quando rótulos completos são caros ou difíceis de obter.

84. Como a escolha do número de clusters afeta os resultados no aprendizado não supervisionado?

A escolha do número de clusters pode determinar significativamente a qualidade e utilidade dos grupos identificados no aprendizado não supervisionado; um número insuficiente pode fundir grupos distintos, enquanto um excesso pode dividir demais grupos naturalmente relacionados.

85. Em que cenários o aprendizado supervisionado é preferível em comparação com outras formas de aprendizado de máquina?

O aprendizado supervisionado é preferível em cenários onde dados de entrada e rótulos correspondentes estão disponíveis em quantidade suficiente para treinar modelos que requerem especificidade e precisão nas previsões, como em diagnósticos médicos, reconhecimento facial e detecção de spam.

86. Quais estratégias podem otimizar o desempenho de algoritmos não supervisionados em grandes conjuntos de dados?

Para otimizar o desempenho em grandes conjuntos de dados, algoritmos não supervisionados podem usar técnicas de amostragem inteligente, paralelização, aprendizado incremental, e aproveitar hardware especializado como GPUs para processamento de dados em larga escala.

87. De que maneira o aprendizado supervisionado facilita o desenvolvimento de sistemas de reconhecimento de fala?

Através do aprendizado supervisionado, sistemas de reconhecimento de fala são treinados com amostras de áudio rotuladas, permitindo-lhes aprender a transcrever fala em texto ao identificar padrões fonéticos correspondentes a palavras e frases.

88. Como o aprendizado não supervisionado pode ser utilizado na organização de bibliotecas digitais?

O aprendizado não supervisionado pode ser empregado na organização de bibliotecas digitais para categorizar e agrupar conteúdo com base em similitudes temáticas ou estilísticas, sem a necessidade de categorização manual, tornando o acesso à informação mais intuitivo e estruturado.

89. Qual é a relevância da função de perda no treinamento de modelos supervisionados?

A função de perda é crucial no treinamento de modelos supervisionados, pois quantifica a diferença entre as previsões do modelo e as saídas verdadeiras, orientando a otimização dos parâmetros do modelo durante o aprendizado para reduzir o erro.

90. De que forma a aprendizagem de dicionário é aplicada no aprendizado não supervisionado?

A aprendizagem de dicionário no aprendizado não supervisionado envolve encontrar uma representação esparsa dos dados em termos de um dicionário de componentes, o que ajuda na compressão de dados, remoção de ruídos e extração de características úteis.

91. Como o aprendizado supervisionado afeta a prática de diagnósticos médicos automatizados?

O aprendizado supervisionado afeta positivamente os diagnósticos médicos automatizados ao treinar modelos com registros clínicos e resultados de exames, permitindo a detecção precoce e precisa de doenças, analisando padrões nos dados que podem indicar diferentes condições de saúde.

92. Em que circunstâncias algoritmos de aprendizado não supervisionado são mais vantajosos que métodos supervisionados?

Algoritmos de aprendizado não supervisionado são mais vantajosos em circunstâncias onde rótulos para os dados não estão disponíveis ou são difíceis de obter, permitindo extrair conhecimentos dos dados ao identificar padrões internos, tendências e grupos sem qualquer input externo.

93. Quais são as aplicabilidades do aprendizado supervisionado na automação industrial?

No contexto da automação industrial, o aprendizado supervisionado é aplicável na otimização de processos de produção, manutenção preditiva de equipamentos, e no aprimoramento de sistemas de controle de qualidade por meio da identificação de defeitos e anomalias.

94. Como a mineração de texto se beneficia do aprendizado não supervisionado?

A mineração de texto se beneficia das técnicas de aprendizado não supervisionado para descobrir tópicos, sentimentos e padrões em grandes volumes de dados textuais sem a necessidade de anotações ou categorizações prévias, facilitando a análise e extração de insights.

95. De que maneira a escolha de hiperparâmetros influencia o resultado de um modelo supervisionado?

A escolha de hiperparâmetros, tais como taxa de aprendizado e estrutura do modelo, influencia significativamente o resultado, pois determina como o modelo aprende e adapta-se aos dados, podendo levar a melhorias ou prejuízos na performance do modelo.

96. Qual o papel do aprendizado não supervisionado no mapeamento de dados multidimensionais?

O papel do aprendizado não supervisionado no mapeamento de dados multidimensionais é essencial para reduzir a dimensionalidade, destacando as características mais significativas e facilitando o reconhecimento de estruturas complexas e padrões nos dados.

97. Como os métodos de ensacamento (bagging) melhoram os modelos de aprendizado supervisionado?

Os métodos de ensacamento, como as florestas aleatórias, melhoram o desempenho dos modelos ao combinar as previsões de múltiplos modelos treinados com diferentes subconjuntos de dados; isso aumenta a estabilidade e reduz a variância do modelo geral.

98. De que forma o aprendizado não supervisionado pode contribuir para a segmentação de mercado?

O aprendizado não supervisionado contribui para a segmentação de mercado ao analisar dados de clientes e identificar segmentos ou grupos com características similares, sem necessidade de etiquetas pré-definidas, ajudando empresas a direcionar estratégias de marketing e produtos de forma mais eficaz.

99. Quais técnicas de aprendizado supervisionado são adequadas para problemas de regressão?

Para problemas de regressão, técnicas de aprendizado supervisionado incluem regressão linear, regressão polinomial, árvores de decisão regressivas, e redes neurais, sendo escolhidas com base na natureza dos dados e na relação entre as variáveis.

100. Como modelos generativos são usados no contexto de aprendizado não supervisionado?

Modelos generativos, como as redes generativa adversária (GANs) e modelos Baseados em Variáveis Latentes são usados no aprendizado não supervisionado para aprender a distribuição de dados existentes e gerar novos dados que sejam semelhantes aos reais, aplicáveis em tarefas como síntese de imagem e imputação de dados.

101. Como técnicas de aprendizado profundo aprimoram a compreensão de leitura em processamento de linguagem natural?

Técnicas de aprendizado profundo, particularmente redes neurais recorrentes (RNNs) e transformadores, permitem a modelagem de contextos e dependências de longo alcance em texto, levando a uma compreensão mais rica e precisa em tarefas de processamento de linguagem natural, como evidenciado por pesquisas em modelos seq2seq (Sutskever et al., 2014).

102. De que maneira a análise de sentimentos pode ser aplicada no monitoramento de mídias sociais?

A análise de sentimentos pode monitorar mídias sociais para captar a opinião pública e tendências em tempo real, permitindo uma resposta mais rápida das empresas, como demonstra o trabalho no uso de análise de sentimentos para rastreamento de eventos (Thelwall et al., 2011).

103. Quais são as dificuldades em lidar com polissemia na compreensão de leitura usando inteligência artificial?

Polissemia, ou a presença de múltiplos significados para uma palavra, cria desafios em distinguir qual significado está sendo usado em um dado contexto, exigindo modelos sofisticados que possam captar variações contextuais, um desafio explorado em trabalhos como os de Schütze (1998) sobre desambiguação de sentidos de palavras.

104. Como as atitudes implícitas são reconhecidas em algoritmos de análise de sentimentos?

Atitudes implícitas são sutis e muitas vezes podem ser inferidas pelo tom ou contexto e não apenas pelo conteúdo explícito.

A identificação desse tipo de informação em análise de sentimentos requer técnicas avançadas de PLN e modelos que possam captar nuances mais profundas, como sentimentos subjacentes e conotações, que podem ser abordadas com modelos de processamento de linguagem contextual e deep learning, como apontado por Socher et al. (2013) em seus trabalhos sobre parsing recursivo de sentimentos.

105. De que maneira transfer learning tem sido empregado em tarefas de compreensão de leitura?

Transfer learning, especialmente em modelos pré-treinados como BERT e GPT, tem mostrado melhorias notáveis em compreensão de leitura.

Ao utilizar conhecimento pré-adquirido, estes modelos se adaptam rapidamente a tarefas específicas com menos dados, como indicado por Devlin et al. (2018) e Radford et al. (2018).

106. Qual é a relação entre compreensão de leitura em IA e a tarefa de resumo automático de texto?

A compreensão de leitura é fundamental para o resumo automático de texto, pois requer a identificação e síntese de informações-chave dentro do texto.

Modelos eficazes de compreensão podem extrair e condensar essa informação de maneira coerente, um aspecto amplamente investigado por Nallapati et al. (2016) em seu modelo abstrativo de resumo.

107. Como o ajuste fino (fine-tuning) de modelos pré-treinados melhora a análise de sentimentos?

Ajuste fino de modelos pré-treinados com dados de domínios específicos melhora significativamente a análise de sentimentos por adaptar um modelo a peculiaridades e contexto específicos, como foi demonstrado por Howard e Ruder (2018) ao desenvolver o método Universal Language Model Fine-tuning (ULMFiT).

108. Quais métodos são eficazes para lidar com sarcasmo e ironia em análise de sentimentos em IA?

Métodos que utilizam recursos de PLN avançados, como entendimento contextual e pistas linguísticas, são necessários para identificar sarcasmo e ironia.

Técnicas de aprendizado profundo combinadas com análise de contexto social são promissoras, como explorado por Joshi et al. (2016) e Amir et al. (2016).

109. Em que aspectos a compreensão de linguagem natural difere da simples análise de texto?

A compreensão de linguagem natural vai além da análise superficial de texto, buscando captar o significado e as implicações implícitas através do contexto amplo e conhecimento do mundo, enquanto a análise de texto muitas vezes é restrita a padrões linguísticos e estatísticos.

Trabalhos como os de Bengio et al. (2003) sobre redes neurais para modelagem de linguagem são fundamentais nesse aspecto.

110. Qual a importância da detecção de entidades nomeadas para a compreensão de leitura em IA?

A detecção de entidades nomeadas é vital para a compreensão de leitura, pois permite a identificação de elementos chave como pessoas, locais e organizações, enriquecendo a representação semântica do texto.

Ferramentas como as desenvolvidas por Tjong Kim Sang e De Meulder (2003) no trabalho sobre a introdução às tarefas de reconhecimento de entidades nomeadas são um exemplo disso.

111. Como o contexto inter-frasal impacta a análise de sentimentos em IA?

O contexto inter-frasal pode alterar significantemente a interpretação do sentimento em um texto, devido à interdependência sentimentos e informações entre frases. Algoritmos que consideram o documento como um todo, como os que usam LSTM ou transformer-based models (Vaswani et al., 2017), têm maior sucesso em entender essas complexidades.

112. Como os modelos de compreensão de leitura lidam com informações implícitas ou conhecimento prévio?

Modelos avançados de compreensão de leitura, como BERT (Devlin et al., 2018), tentam capturar conhecimento prévio treinando sobre amplos corpora textuais.

Eles adquirem uma noção de contexto que pode ser aplicada a novos textos, permitindo uma melhor inferência de informações implícitas.

113. De que forma a técnica de "aspect-based sentiment analysis" se aplica na análise de sentimentos?

"Aspect-based sentiment analysis" foca em entender o sentimento relativo a aspectos específicos de um produto ou serviço. Trabalhos como o de Pontiki et al. (2014) evidenciam sua aplicação para capturar opiniões mais granulares e relacionadas a particularidades do que é avaliado.

114. Quais são os desafios de treinar modelos de IA para compreensão de texto multimodal?

Treinar modelos para compreender texto multimodal envolve integrar e fazer sentido de informações visuais e textuais.

Desafios incluem sincronização de diferentes tipos de dados e a extração de informações relevantes, conforme estudado por Antol et al. (2015) em seu trabalho sobre o conjunto de dados VQA para Question Answering em imagens.

115. Em que medida o tamanho e a qualidade dos dados afetam a análise de sentimentos em IA?

Tanto o tamanho quanto a qualidade dos dados são fundamentais para o desempenho de modelos de IA; dados mais amplos permitem melhor generalização, enquanto alta qualidade garante precisão.

Inconsistências ou vieses nos dados podem comprometer a análise de sentimentos, como alertado por muitos pesquisadores, entre eles, Mohammad et al. (2016), sobre desafios na análise de sentimentos.

116. Qual a influência do contexto cultural nas estratégias de compreensão de leitura em sistemas de IA?

O contexto cultural pode alterar significativamente a interpretação do texto. Sistemas de IA que compreendem leitura devem considerar variações culturais para evitar mal-entendidos, um desafio que requer coleta de dados diversificados e possivelmente modelos adaptativos que podem aprender com novos contextos, como discutido por researchers Beelen et al. (2017), que investigaram o impacto de tweets de diferentes culturas.

117. Como a emoção é detectada e mensurada em análises de sentimento em textos?

A detecção de emoção em análises de sentimento geralmente envolve o uso de modelos de IA treinados para reconhecer padrões linguísticos associados a emoções específicas.

Técnicas como machine learning e deep learning são empregadas para medir a presença e intensidade de emoções, como ilustrado na pesquisa de Felbo et al. (2017), que criaram um modelo capaz de detectar a emocionalidade em textos do Twitter.

118. Quais estratégias existem para melhorar o reconhecimento de anáforas em modelos de compreensão de leitura?

Estratégias para o reconhecimento de anáforas incluem o aprimoramento de modelos para entender referências e pronomes no texto, utilizando redes neurais que consideram o contexto mais amplo.

Trabalhos como o de Clark e Manning (2016) abordam diretamente a resolução de correferência, que é essencial para o entendimento das anáforas.

119. Em que cenários a análise computorizada de sentimentos pode ser mais eficaz do que a humana?

A análise computorizada de sentimentos pode superar a humana em escala e velocidade, processando grandes volumes de dados em tempo real, como evidenciado por Ribeiro et al. (2016), que discutem a eficácia dos sistemas de IA na análise da opinião pública durante eventos e crises.

120. De que maneira a inteligência artificial pode lidar com ambiguidades linguísticas na compreensão de leitura?

Para lidar com ambiguidades, a IA utiliza modelos avançados de aprendizado de máquina que integram amplo conhecimento linguístico e cultural. Técnicas como o uso de transformers (Vaswani et al., 2017) ajudam a dissecar ambiguidades ao analisar diferentes possíveis interpretações no contexto mais amplo.

121. Como os avanços em análise de sentimentos auxiliam na personalização de serviços e produtos?

Avanços em análise de sentimentos possibilitam personalização ao permitir que empresas entendam melhor as preferências dos clientes e ajustem seus serviços e produtos de acordo.

Pesquisas como a de Pang e Lee (2008) exploram como as opiniões extraídas de análises de sentimentos podem ser usadas para moldar estratégias de negócios.

122. Quais são os principais desafios enfrentados ao aplicar análise de sentimentos em fóruns online com linguagem informal e gírias?

Linguagem informal e gírias apresentam um desafio único para a análise de sentimentos, pois exigem que os modelos de IA reconheçam variações e nuances que podem divergir de regras gramaticais padrão.

Abordar esses desafios requer dados de treino específicos do domínio e algoritmos como o BERT (Devlin et al., 2018), que podem ser adaptados para aceitar e interpretar variações linguísticas.

123. Como os sistemas de compreensão de leitura beneficiam o setor de atendimento ao cliente?

No setor de atendimento ao cliente, sistemas de compreensão de leitura podem automatizar a triagem e resposta a consultas, analisando e compreendendo o texto das solicitações dos clientes.

Pesquisas como as de Kundu et al. (2018) têm demonstrado como modelos de processamento de linguagem natural podem contribuir para a eficiência e rapidez do atendimento ao cliente.

124. De que maneira o desempenho do modelo de análise de sentimentos é afetado por viéses presentes nos conjuntos de dados?

Viéses nos conjuntos de dados podem levar modelos de análise de sentimentos a reproduzir ou amplificar esses viéses, comprometendo seu desempenho e justiça.

Estudos como os de Bolukbasi et al. (2016) destacam como o viés pode estar presente em algoritmos de aprendizado de máquina e suas implicações.

125. Qual é o papel da tokenização na construção de modelos eficazes para compreensão de leitura?

A tokenização é um passo fundamental no pré-processamento de texto para compreensão de leitura em IA, já que ela transforma texto bruto em unidades manejáveis para análise.

Modelos eficazes dependem de uma tokenização que preserva o significado e estrutura do texto, conforme destacado por Manning et al. (2014) em seu trabalho sobre o Stanford NLP.

126. Como as técnicas de processamento de linguagem natural contribuem para dar sentido a idiomas ambíguos ou implicitamente complexos em análises de sentimentos?

Técnicas de PLN, como desambiguação de sentidos e modelagem de tópicos, ajudam a decifrar idiomas ambíguos, entendendo o contexto e as nuances implícitas.

Modelos como ELMo e BERT, que utilizam embeddings contextuais, são particularmente eficazes em interpretar tais complexidades (Peters et al., 2018; Devlin et al., 2018).

127. De que maneira a representação de conhecimento enriquece as habilidades de compreensão de leitura em IA?

Representações de conhecimento estruturado, como grafos de conhecimento, permitem que modelos de IA vinculem texto a um corpo de conhecimentos, melhorando a compreensão e a inferência.

Esta abordagem é enriquecida por pesquisas como as de Bollacker et al. (2008), que discutiram a criação do Freebase, um grande gráfico de conhecimento colaborativo.

128. Qual o impacto do contexto emocional no processamento de linguagem natural e análise de sentimentos?

O contexto emocional tem um impacto considerável no PLN e na análise de sentimentos, afetando a interpretação do texto.

A avaliação precisa do sentimento muitas vezes depende da compreensão de emoções sutis, o que foi explorado através de abordagens como o affective computing (Picard, 2000).

129. Em que cenários a análise de sentimentos pode ser aplicada para prever tendências de mercado?

A análise de sentimentos pode ser utilizada para monitorar e prever tendências de mercado analisando opiniões expressas em redes sociais, fóruns online e notícias, permitindo às empresas antecipar a demanda dos consumidores e ajustar estratégias.

Trabalhos como o de Bollen et al. (2011) investigaram a relação entre o humor no Twitter e o mercado de ações, mostrando o potencial preditivo da análise de sentimentos.

130. Quais técnicas de PLN são empregadas para lidar com a ambiguidade lexical em compreensão de leitura?

Técnicas como desambiguação de sentido de palavras (WSD) e modelos contextuais de linguagem como ELMo (Peters et al., 2018) são empregadas para discernir entre múltiplos sentidos de palavras baseando-se no contexto no qual aparecem, melhorando a precisão da compreensão de leitura.

131. Como a inteligência artificial pode auxiliar na detecção de fake news por meio da análise de sentimentos?

A IA pode identificar inconsistências e padrões de escrita associados à fake news, sendo a análise de sentimentos uma ferramenta para detectar discrepâncias emocionais ou manipulação de opinião.

Pesquisas como a de Zhou e Zafarani (2020) exploram métodos de detecção automáticos utilizando PLN e IA.

132. Como as abordagens de análise de sentimentos conseguem identificar opiniões subjetivas versus fatos objetivos?

As abordagens de análise de sentimentos diferenciam opiniões subjetivas de fatos ao detectar palavras e frases que indicam subjetividade, como adjetivos avaliativos, e modelar contextos nos quais esses adjetivos são usados.

Técnicas baseadas em aprendizado de máquina, como SVM e redes neurais, são treinadas para reconhecer esses padrões (Pang e Lee, 2008).

133. Qual o papel de redes neurais recorrentes (RNNs) na interpretação de textos sequenciais para compreensão de leitura?

RNNs são fundamentais na interpretação de sequências de texto devido à sua capacidade de processar informações sequenciais e manter o estado ao longo do tempo, o que permite entender e memorizar o contexto abrangente de passagens de texto (Hochreiter e Schmidhuber, 1997).

134. Quais métodos de IA são mais adequados para análise de sentimentos em tempo real em grandes volumes de dados?

Para análise de sentimentos em tempo real em grandes volumes de dados, métodos de IA eficientes como redes neurais convolucionais (CNNs) e arquiteturas baseadas em transformadores, como BERT, que podem processar texto de forma paralela, são adequados devido à sua alta performance e escalabilidade (Kim, 2014; Devlin et al., 2018).

135. Como o processamento de linguagem natural pode beneficiar a análise de texto para fins jurídicos e de conformidade?

O processamento de linguagem natural pode automatizar a análise de documentos jurídicos, identificando padrões, cláusulas e requisitos de conformidade, economizando tempo e aumentando a precisão.

Ferramentas de PLN especializadas conseguem extrair e comparar informações legais de maneira eficaz, conforme ilustrado por trabalhos como o de Chalkidis et al. (2020) sobre a classificação de disposições contratuais.

136. De que forma a ativação emocional em textos influencia a precisão da análise de sentimentos?

A ativação emocional em textos, referindo-se à intensidade da emoção expressa, influencia a precisão da análise de sentimentos, pois modelos devem ser capazes de detectar não apenas a polaridade do sentimento, mas também sua força.

Estudos como os de Mohammad (2018) têm investigado abordagens para medir a ativação emocional e a valência em corpora anotados para análise de sentimentos.

137. Em que avanços recentes na compreensão de leitura em IA os modelos pré-treinados têm um papel importante?

Modelos pré-treinados, como BERT e GPT-3, representaram avanços significativos na compreensão de leitura pela capacidade de entender e gerar texto com base em uma grande variedade de exemplos de treinamento.

Eles têm estabelecido novos padrões em benchmarks de compreensão de leitura como o SQuAD, demonstrando a eficiência do aprendizado transferido (Devlin et al., 2018; Brown et al., 2020).

138. Qual é a utilidade de modelos híbridos que combinam técnicas simbólicas e estatísticas em análise de sentimentos?

Modelos híbridos que integram técnicas simbólicas (baseadas em regras ou conhecimento lógico) com abordagens estatísticas (como o aprendizado de máquina) podem oferecer um equilíbrio entre interpretabilidade e desempenho preditivo.

Eles são capazes de utilizar o melhor dos dois mundos ao abordar a complexidade da linguagem humana na análise de sentimentos, como explorado por trabalhos que combinam léxico com métodos de aprendizado (Taboada et al., 2011).

139. Como os desafios da ambiguidade semântica e pragmática são abordados em compreensão de leitura em IA?

Para resolver a ambiguidade semântica e pragmática, sistemas de IA utilizam contextos ampliados e conhecimento do mundo para inferir significados e intenções.

Modelos que empregam redes neurais profundas e embeddings contextuais, como aqueles baseados em ELMo e BERT, têm demonstrado ser particularmente eficazes nisso (Peters et al., 2018; Devlin et al., 2018).

140. De que maneira análises de sentimentos ajudam na identificação de crises emergentes nas redes sociais?

Análises de sentimentos podem proporcionar insights em tempo real sobre o humor coletivo e tendências comportamentais em redes sociais. Isso permite a identificação rápida de padrões negativos de sentimentos ou tópicos controversos, que podem sinalizar crises emergentes.

Pesquisas têm focado em identificar surtos de descontentamento ou eventos disruptivos analisando sentimentos nas mídias sociais (Kumar et al., 2017).

141. Como a detecção de padrões de linguagem específicos pode melhorar os sistemas de IA na compreensão de leitura em domínios especializados?

Em domínios especializados, vocabulário e construções gramaticais particulares são comuns, e a detecção desses padrões específicos de linguagem pode ajudar sistemas de IA a interpretar melhor o significado técnico.

Modelos que são ajustados para reconhecer jargões e terminologias podem melhorar significativamente a precisão da compreensão em campos como medicina e direito (Lee et al., 2016).

142. Quais são as implicações das limitações da análise de sentimentos no monitoramento automático de conteúdo online?

As limitações da análise de sentimentos no monitoramento de conteúdo online incluem a potencial falta de precisão em contextos complexos e o risco de ignorar nuances sutis.

Isso pode levar à moderação indevida ou à não detecção de conteúdo problemático, destacando a necessidade de combinar IA com revisão humana para otimizar precisão e justiça (Chen et al., 2012).

143. De que forma a inclusão de metadados pode contribuir para sistemas de compreensão de leitura em IA?

A inclusão de metadados em sistemas de compreensão de leitura ajuda a fornecer contexto adicional, como informações do autor, data de publicação e referências cruzadas, enriquecendo a capacidade da IA de entender o texto dentro de um quadro mais amplo de conhecimento e intenções (Hovy et al., 2013).

144. Como o ajuste fino de modelos de linguagem em conjuntos de dados específicos melhora a performance em tarefas de compreensão de leitura?

O ajuste fino de modelos de linguagem, como o BERT, em conjuntos de dados específicos alinha o modelo com a terminologia, estilo e nuances do domínio de interesse, resultando em um aprimoramento substancial da performance em tarefas de compreensão de leitura do domínio em questão (Howard e Ruder, 2018).

145. Qual é o papel das emoções na análise de sentimentos e como os modelos computacionais podem capturá-las?

As emoções são centrais na análise de sentimentos, com modelos computacionais utilizando técnicas de aprendizado de máquina para identificar e classificar a expressão emocional em textos.

Modelos como o DeepMoji de Felbo et al. (2017) aprenderam a prever emoção com base em grandes conjuntos de dados de texto com anotações emocionais.

146. De que maneira as tecnologias de compreensão de leitura estão transformando a indústria editorial?

Tecnologias de compreensão de leitura estão transformando a indústria editorial ao automatizar a edição, o resumo e a recomendação de conteúdo. Isso é possível através do uso de IA para analisar a estrutura do texto, a estilo da escrita e outros aspectos editoriais, facilitando a curadoria e personalização de conteúdo para os leitores (Klinger et al., 2018).

147. Quais avanços em compreensão de leitura foram possibilitados pelo uso de grandes conjuntos de dados anotados, como o SQuAD?

Grandes conjuntos de dados anotados, como o SQuAD, possibilitaram melhorias significativas em modelos de IA, especialmente em tarefas de question answering. Com esses conjuntos de dados, foi possível treinar modelos mais sofisticados que compreendem nuances complexas do texto e respondem perguntas com precisão quase humana (Rajpurkar et al., 2016).

148. Como os sistemas de análise de sentimentos podem ser treinados para reconhecer novas gírias ou neologismos que surgem nas redes sociais?

Sistemas de análise de sentimentos podem ser atualizados com novas gírias ou neologismos através de técnicas como aprendizado online ou contínuo, onde o modelo é frequentemente re-treinado com dados mais recentes.

Uma abordagem consiste em utilizar técnicas de transfer learning com modelos como o BERT, que são ajustados com dados recentes para entender a evolução da linguagem nas redes sociais (Sun et al., 2019).

149. De que forma a interpretabilidade dos modelos de processamento de linguagem natural afeta sua adoção em ambientes empresariais?

A interpretabilidade dos modelos de PLN é crucial em ambientes empresariais para construir confiança e cumprir com requisitos regulatórios.

Modelos transparentes e explicáveis facilitam a compreensão das decisões da IA e permitem ajustes finos conforme necessário para alinhá-los com objetivos e valores empresariais (Ribeiro et al., 2016).

150. Como funcionam os modelos de geração de linguagem natural (GLN) baseados em redes neurais?

Ressalta-se que modelos de GLN baseados em redes neurais utilizam arquiteturas complexas para aprender padrões linguísticos de grandes conjuntos de dados textuais.

Eles predizem a próxima palavra ou frase baseando-se no contexto fornecido pelo texto precedente, otimizando os pesos da rede durante o treinamento para capturar a variação e estrutura da linguagem (Goodfellow et al., 2016).

151. Quais desafios são enfrentados na adaptação de modelos de GLN para idiomas menos recursos?

Pesquisadores apontam que modelos de GLN para idiomas com menos recursos enfrentam desafios como a falta de grandes datasets e a necessidade de pré-processamento especializado.

Isso requer estratégias como transferência de aprendizado e métodos de poucos dados, para ensinar eficientemente a rede a gerar texto nesses idiomas (Ruder et al., 2019).

152. Em que cenários a geração de texto em tempo real é mais útil e como é implementada?

Tuma et al. (2019) indicam que a geração de texto em tempo real é especialmente útil em chatbots e assistentes virtuais, que exigem respostas instantâneas e contextuais.

Essa implementação utiliza modelos como redes neurais recorrentes (RNNs) para processar entrada de linguagem e gerar respostas de maneira ágil.

153. Como a tecnologia de GLN pode ser aplicada no setor educacional?

Luckin et al. (2016) discutem que no setor educacional, a tecnologia de GLN pode ser aplicada à criação de conteúdo didático personalizado, tais como resumos e perguntas baseados no progresso do aprendiz.

Também pode auxiliar na avaliação automática de respostas escritas e fornecer feedback instantâneo aos estudantes.

154. Quais são os avanços recentes em GLN para a criação de narrativas e histórias?

Pesquisadores como Goldfarb-Tarrant et al. (2019) destacam avanços em GLN para a criação de narrativas, com modelos como GPT-2 aprimorando a coerência e a criatividade das histórias geradas.

Esses sistemas são capazes de manter personagens, enredo e ambientes consistentes ao longo de segmentos de texto mais longos.

155. De que forma os modelos de atenção melhoraram a geração de linguagem natural?

Vaswani et al. (2017) explicam que os modelos de atenção melhoraram a GLN ao permitirem que o sistema se concentre em porções relevantes do texto quando gera cada palavra, o que resulta em maior fluidez e relevância contextual do texto produzido.

156. Qual é a importância da personalização no desenvolvimento de chatbots que utilizam GLN?

McTear (2017) afirma que a personalização é crucial em chatbots para criar experiências mais eficientes e envolventes, pois permite que o sistema reconheça preferências individuais e adapte sua linguagem e respostas de acordo com o perfil e histórico de interações do usuário.

157. Como a ética afeta a pesquisa e o desenvolvimento de GLN na IA?

A ética desempenha um papel fundamental, conforme enfatizado por Dignum (2019), pois a geração de linguagem deve considerar questões como vieses, privacidade e manipulação de informação.

É necessário adotar padrões rigorosos para garantir que a GLN seja utilizada de forma responsável e justa.

158. De que forma a inteligência artificial e a GLN estão transformando o jornalismo?

Carlson (2015) observa que a combinação de IA e GLN está transformando o jornalismo ao possibilitar a geração automatizada de relatórios de notícias, especialmente em áreas como esportes e finanças, onde dados podem ser rapidamente transformados em narrativas informativas.

159. Qual é o impacto da inclusão de emoção e expressividade na geração de texto?

Celikyilmaz et al. (2020) apontam que a inclusão de emoção e expressividade na geração de texto aumenta o engajamento e oferece uma comunicação mais humana, enriquecendo a interação entre usuários e sistemas de IA.

Modelos de GLN que incorporam emoções são especialmente úteis em áreas como atendimento ao cliente e entretenimento.

160. Quais são as técnicas utilizadas para avaliar a qualidade dos textos gerados por IA?

Belz e Reiter (2006) descrevem que as técnicas para avaliação da qualidade dos textos incluem avaliações automáticas, como a BLEU, e avaliações humanas para julgar a naturalidade, a gramaticalidade e a adequação do conteúdo gerado em relação ao propósito comunicativo.

161. De que forma o processamento de linguagem natural contribui para geração de respostas em sistemas de question answering (QA)?

Jurafsky e Martin (2019) ressaltam que o processamento de linguagem natural contribui significativamente para sistemas de QA ao entender a intenção da pergunta e buscar a informação relevante dentro de um corpus ou conhecimento estruturado para gerar uma resposta precisa e informativa.

162. Como a qualidade da geração de texto impacta a usabilidade de assistentes virtuais?

Amershi et al. (2019) destacam que a qualidade do texto impacta diretamente a usabilidade de assistentes virtuais, pois respostas mais precisas, naturais e contextualmente apropriadas melhoram a satisfação do usuário e a eficácia na realização de tarefas.

163. Quais estratégias são implementadas para gerar respostas emocionalmente apropriadas em GLN?

Zhou et al. (2018) explicam que estratégias como a modelagem afetiva e a detecção de sentimentos são utilizadas para criar sistemas que possam gerar respostas emocionalmente apropriadas, adaptando o tom e o conteúdo do texto gerado ao estado emocional inferido do usuário.

164. Como as redes neurais recorrentes (RNNs) são aplicadas na geração de textos sequenciais?

As RNNs são particularmente adequadas para geração de textos sequenciais, uma vez que são capazes de manter um estado oculto que leva em conta toda a sequência anterior de texto.

Isso permite gerar texto continuando a partir de um ponto dado, mantendo a coerência e o contexto. Graves et al. (2013) demonstraram como RNNs podem ser treinadas para gerar texto letra por letra, aprendendo padrões complexos em dados sequenciais.

165. Qual o papel da geração de linguagem natural em interfaces de programação de aplicativos (APIs)?

Goodfellow et al. (2016) apontam que a GLN está se tornando cada vez mais importante em APIs para melhorar a interatividade e acessibilidade, fornecendo uma camada de comunicação natural que permite aos usuários interagir com serviços e funções de um aplicativo sem a necessidade de conhecimento especializado em programação.

166. De que forma os modelos de transformadores estão mudando o campo da GLN?

Vaswani et al. (2017) revolucionaram o campo da GLN com a introdução de modelos de transformadores que utilizam mecanismos de atenção para pesar a importância de diferentes partes da sequência de entrada, permitindo a geração de texto mais coesa e relevante em relação ao contexto.

167. Como as técnicas de aprendizado por reforço podem ser utilizadas na geração de linguagem natural?

Ranzato et al. (2015) encontraram que técnicas de aprendizado por reforço, como policy gradient, podem ser utilizadas para treinar modelos de GLN para otimizar objetivos específicos, como a maximização de uma métrica particular de qualidade de texto ou a preferência do usuário.

168. Quais avanços foram alcançados na GLN para a geração automática de poesia e prosa criativa?

Manurung et al. (2012) exploraram a geração automática de poesia utilizando GLN, mostrando que avanços significativos foram alcançados ao modelar métrica, rima e emoção para criar texto criativo que respeite as formas e estilos poéticos tradicionais.

169. Como a GLN pode auxiliar na automação das redes sociais e marketing de conteúdo?

Hohman et al. (2019) afirmam que a GLN pode ser uma ferramenta eficaz para automação de mídias sociais e marketing de conteúdo ao gerar postagens, respostas e conteúdo personalizado em escala. Tais sistemas são capazes de aprender diferentes estilos de escrita e se adaptar ao tom da marca, potencialmente aumentando o engajamento e alcance do público.

170. De que maneira a atenção multi-cabeças nos transformadores afeta a qualidade da geração de texto?

A atenção multi-cabeças, apresentada por Vaswani et al. (2017), permite que os modelos de transformadores foquem em diferentes partes do texto simultaneamente, o que melhora a captura de múltiplas relações e nuances, aumentando a qualidade e coesão textual na geração de linguagem natural.

171. Quais abordagens são usadas para incorporar conhecimento mundial na geração de texto?

Petroni et al. (2019) descrevem que abordagens como modelos de conhecimento incorporado (embeddings) e conexão com bancos de dados externos são usadas para enriquecer os modelos de GLN com conhecimento mundial, o que permite respostas mais informativas e detalhadas.

172. Qual é o desafio em equilibrar a geração de texto criativo e factualmente correto?

O desafio, segundo Fan et al. (2019), reside em garantir que a AI não somente invente detalhes plausíveis, mas incorretos ao gerar texto criativo, mas também mantenha precisão factual.

É preciso combinar criatividade com validação de dados para alcançar esse equilíbrio.

173. Como os métodos de geração de texto podem melhorar a acessibilidade para usuários com deficiência?

Gervás (2005) mostra que os métodos de GLN podem melhorar significativamente a acessibilidade ao transformar informações visuais ou complexas em descrições textuais claras e compreensíveis, ajudando usuários com deficiência visual ou cognitiva a acessar conteúdo que de outra forma poderia ser inacessível.

174. De que forma a pesquisa em GLN pode impactar o desenvolvimento de interfaces conversacionais mais naturais?

A pesquisa em GLN tem um impacto direto no desenvolvimento de interfaces conversacionais, pois aprimora a capacidade dos sistemas de entender e produzir linguagem de forma similar à humana.

Trabalhos como os de McTear (2017) têm mostrado que a combinação de modelos de linguagem avançados com compreensão de contexto e personalização permite criar diálogos mais fluídos e naturais entre humanos e máquinas.

175. Quais técnicas em GLN estão sendo exploradas para gerar resumos automáticos de texto?

Técnicas como extrativas e abstrativas são usadas para gerar resumos automáticos.

Nos métodos extrativos, partes do texto original são selecionadas e combinadas, enquanto em métodos abstrativos, como descrito por See et al. (2017), novas frases são geradas para capturar a essência do texto com palavras novas, muitas vezes utilizando modelos de atenção para identificar as partes mais importantes do texto.

176. Como o ajuste fino (fine tuning) de modelos de linguagem pré-treinados é efetivo na geração de texto específico de domínio?

juste fino de modelos como BERT e GPT em dados de domínios específicos, conforme detalhado por Howard e Ruder (2018), ajuda na adaptação dos modelos a jargões e estilos particulares do domínio, melhorando a relevância e precisão do texto gerado, seja em contexto jurídico, médico ou outro qualquer.

177. De que maneira GANs (Generative Adversarial Networks) podem ser aplicadas na GLN?

GANs podem ser aplicadas na GLN ao criar um jogo competitivo onde um gerador de texto tenta produzir texto convincente e um discriminador tenta distinguir entre texto gerado por humano e pela máquina.

Yu et al. (2017) exploram como isso pode resultar em geração de texto mais natural.

178. Em que consiste o aprendizado multimodal e como ele relaciona-se com a GLN?

O aprendizado multimodal consiste em utilizar múltiplos tipos de dados, como texto, som e imagem, para melhorar a compreensão e geração de conteúdo por modelos de IA.

No contexto da GLN, Antol et al. (2015) mostraram que incorporar informações visuais, por exemplo, permite gerar descrições de imagens ou respostas a perguntas baseadas em conteúdo visual, resultando em um entendimento mais holístico e enriquecido.

179. Qual a importância da preservação de contextos para a geração de diálogos coerentes em sistemas de conversação?

A preservação de contextos é essencial, pois fornece a chave para a continuidade e relevância da conversa. Sordoni et al. (2015) investigaram como a utilização de informações contextuais passadas contribui significativamente para a geração de respostas coerentes e pertinentes em sistemas de diálogo.

180. Como o ajuste dinâmico de estilo e tom pode ser integrado na GLN para melhorar a interação com usuários?

Ajustar dinamicamente o estilo e o tom na GLN pode melhorar a percepção do usuário sobre a interação, tornando-a mais natural e pessoal. Diversos pesquisadores desenvolveram modelos que alteram a geração de texto para refletir a formalidade ou informalidade, entre outros aspectos estilísticos, baseados na interação do usuário.

181. Como os avanços em GLN podem facilitar a automatização da criação de legendas para vídeos e imagens?

Avanços em GLN têm permitido a criação de legendas automaticamente utilizando análise de imagem e contextualização do conteúdo.

Diversos pesquisadores demonstraram como sequências de vídeo podem ser convertidas em descrições textuais significativas, promovendo a acessibilidade e fornecendo melhor contexto para análise de conteúdo.

182. De que maneira a modelagem de intenção é utilizada para melhorar a qualidade da GLN em chatbots?

A modelagem de intenção em chatbots permite identificar o que o usuário deseja alcançar durante a interação, resultando numa geração de linguagem mais focada e eficaz.

Diversos pesquisadores trabalharam na identificação das intenções e respostas apropriadas, treinando modelos para entender e atender às necessidades especificadas pelo usuário.

183. Qual o impacto da síntese de voz em sistemas de GLN e como colabora para a experiência do usuário?

A síntese de voz transforma o texto gerado em fala, o que pode enriquecer a experiência do usuário, oferecendo uma interface mais natural, similar à comunicação humana.

Sistemas de texto-para-fala avançados podem gerar entonações naturais e ritmo de fala que se ajustam ao contexto dado pelo sistema de GLN.

184. Como o aprendizado de representações de palavras, como word embeddings, contribui para a GLN?

A aprendizagem de representações de palavras, através de técnicas como word embeddings, dá ao sistema de GLN uma compreensão mais rica da semântica e das relações entre palavras.

Essas representações podem ser usadas para capturar sinonímia, antonímia e outras relações, que são fundamentais para gerar texto coerente e contextuais.

185. De que formas a detecção e correção de viés em textos gerados por IA são tratadas na pesquisa?

A detecção e correção de viés são tratadas pela pesquisa através da análise de datasets de treinamento e ajustes nos algoritmos para evitar a perpetuação de estereótipos e preconceitos.

Diversos pesquisadores exploraram métodos para identificar e mitigar viés em word embeddings, um dos componentes principais no processo de GLN.

186. Quais são os principais obstáculos para alcançar paridade entre a geração de texto de IA e a habilidade humana de escrita?

Os principais obstáculos incluem a falta de compreensão profunda do contexto, incapacidade para raciocínio abstrato complexo e a dificuldade de modelar a criatividade humana e expressões sutis.

Diversos pesquisadores discutiram a necessidade de modelos com um melhor entendimento do mundo para superar essas limitações, incluindo o desenvolvimento de sistemas de inteligência artificial com maior grau de conhecimento geral e senso comum.

187. Qual o papel da coesão textual na geração de linguagem natural e como isso é modelado computacionalmente?

A coesão textual é fundamental para garantir que o texto gerado seja lógico e fluentemente interligado.

O uso de redes neurais para detectar e replicar padrões de coesão em texto, como referências cruzadas e uso consistente de tempos verbais, contribuem para uma leitura mais natural.

188. Como a geração controlada de linguagem pode ser aplicada para cumprir requisitos específicos de uma tarefa?

A geração controlada de linguagem permite direcionar a produção textual para atender requisitos específicos, como formalidade ou inclusão de certos tópicos.

Diversos pesquisadores investigaram o uso de condicionamentos como temperatura e métodos de amostragem diferenciados para influenciar o estilo e conteúdo do texto gerado.

189. Quais progressos foram feitos na GLN para melhorar traduções automatizadas?

O uso da tecnologia de transformadores levou a progressos significativos no campo da tradução automática, melhorando a qualidade das traduções através do aprendizado mais eficiente de contextos extensos e da capacidade de gerar textos que respeitam as nuances do idioma alvo.

190. De que maneira pesquisa em GLN está abordando o desafio da geração de anáforas e correferências?

A geração de anáforas e correferências em GLN é um desafio abordado por pesquisa que envolve a compreensão e replicação de como as referências são usadas coerentemente em discurso.

Diversos pesquisadores trabalharam em métodos de aprendizado profundo para melhor capturar essas relações e produzir texto que mantenha a clareza referencial.

191. Como a geração de texto afeta o desenvolvimento de sistemas educacionais personalizados?

A geração de texto pode oferecer aos sistemas educacionais a capacidade de personalizar o conteúdo para se adequar às necessidades e níveis de habilidade de cada aluno, proporcionando explicações e materiais de estudo personalizados.

O uso da geração de linguagem natural pode ajudar na criação de perguntas de múltipla escolha adaptadas aos tópicos estudados, facilitando o aprendizado adaptativo.

192. Em que maneiras a geração de linguagem natural está sendo utilizada no campo da medicina?

Na medicina, a geração de linguagem natural está sendo usada para compor relatórios médicos a partir de dados brutos de pacientes e para criar resumos de históricos médicos que podem ser facilmente compreendidos por profissionais da saúde.

Os modelos de processamento de linguagem natural, como o BioBERT, estão sendo particularmente adaptados para lidar com a terminologia específica e os requisitos de precisão no campo médico.

193. De que forma a interação humano-robô é melhorada através da geração de linguagem natural?

A geração de linguagem natural pode melhorar significativamente a interação humano-robô ao fornecer aos robôs a capacidade de se comunicarem em linguagem natural, o que facilita a compreensão e o engajamento por parte dos humanos.

O desenvolvimento de modelos de linguagem natural convenientes para robótica pode aumentar a eficiência e naturalidade das interações.

194. Como os modelos sequenciais de GLN estão sendo aprimorados para evitar repetições desnecessárias no texto gerado?

Para evitar repetições, os modelos sequenciais de GLN estão sendo aprimorados com a introdução de penalidades para a repetição e mecanismos de atenção que incentivam a variação lexical.

Holtzman et al. (2020) propuseram métodos como a "nucleus sampling" para evitar a geração de texto repetitivo e promover maior diversidade e criatividade na saída do modelo.

195. De que maneira a compreensão contextually informed ajuda a GLN?

A compreensão contextual informada ajuda a GLN a produzir respostas relevantes e específicas ao domínio, ajustando-se à situação e ao histórico da interação.

Ao incorporar conhecimento do mundo real e contexto situacional, os modelos podem gerar textos mais personalizados e apropriados. Por exemplo, descrevem como a compreensão de diálogo contextual é essencial para manter conversas consistentes e coerentes, especialmente em diálogos baseados em tarefa, onde a precisão das informações é crucial.

196. Como os desenvolvimentos em GLN têm impactado o campo de assistentes pessoais inteligentes, como a Siri ou a Alexa?

Desenvolvimentos em GLN têm tido um impacto significativo nos assistentes pessoais inteligentes, melhorando sua habilidade em entender comandos naturais e responder de maneira mais humana, fluida e precisa.

A IA destes assistentes tem evoluído para lidar com uma gama mais ampla de tarefas e contextos, como quando apresentaram um modelo que melhora a capacidade de um assistente pessoal de continuar conversas de uma maneira mais natural e engajada.

197. Quais desafios na GLN precisam ser superados para melhorar a geração de diálogos com contexto emocional?

Os desafios na geração de diálogos com contexto emocional incluem entender corretamente o estado emocional do usuário e gerar respostas apropriadas não só em conteúdo, mas também em tom.

Tensores afetivos são uma técnica que pode ajudar a entender a emoção subjacente ao texto de entrada, o que é essencial para gerar respostas emocionalmente apropriadas.

198. Como as melhorias na capacidade de GLN podem beneficiar o desenvolvimento de interfaces homem-máquina em veículos?

Melhorias na capacidade de GLN podem beneficiar interfaces homem-máquina em veículos ao permitir sistemas de comando de voz mais avançados e intuitivos, o que pode tornar a condução mais segura e agradável.

Como o reconhecimento de fala e a geração de linguagem natural podem ser integrados em sistemas de veículos para fornecer respostas e assistência mais naturais e contextuais, ajudando a reduzir distrações e melhorando a experiência do usuário.

199. De que forma a GLN pode ser aplicada para melhorar a compreensão de textos acadêmicos ou técnicos?

A GLN pode ajudar na compreensão de textos acadêmicos ou técnicos gerando resumos automáticos, explicações simplificadas e até analogias para ajudar o entendimento de conceitos complexos.

Como a geração de linguagem natural pode ser usada para produzir resumos de documentos técnicos que são mais acessíveis para leitores não especializados, facilitando a disseminação do conhecimento.

200. Em que medida a integração de múltiplas fontes de dados é crucial para a precisão da GLN em aplicações de análise de dados?

A integração de múltiplas fontes de dados é fundamental para a precisão da GLN em análise de dados, já que permite que o sistema crie uma narrativa mais completa e precisa, incorporando diferentes pontos de vista e informações.

Como a agregação de dados de múltiplas fontes pode enriquecer a geração de texto automatizada, fornecendo um panorama mais amplo que suporta melhores insights e tomadas de decisão baseadas em dados.

201. Qual foi o salto tecnológico entre o GPT-2 e o GPT-3 no contexto da inteligência artificial?

O GPT-3 foi uma grande evolução em relação ao seu antecessor, o GPT-2, principalmente pelo número de parâmetros de seu modelo: enquanto o GPT-2 tinha 1,5 bilhão de parâmetros, o GPT-3 foi desenvolvido com 175 bilhões, permitindo uma compreensão e geração de linguagem muito mais sofisticadas.

A capacidade de aprendizado do GPT-3 também aumentou, permitindo que ele realizasse tarefas de "few-shot learning", ou seja, aprender novas tarefas com poucos exemplos.

202. Como o GPT-3 representa um avanço significativo em relação aos sistemas anteriores de geração de linguagem?

O GPT-3 usou técnicas avançadas de aprendizado profundo e um volume massivo de dados de treinamento, o que resultou em uma capacidade aprimorada de realizar várias tarefas de processamento de linguagem natural sem necessidade de ajustes específicos para cada tarefa.

O modelo também demonstrou um nível de precisão na geração de texto que muitas vezes se assemelha ao discurso humano.

203. De que maneira o GPT-3 contribui para a pesquisa em inteligência artificial e processamento de linguagem natural?

O lançamento do GPT-3 forneceu à comunidade de inteligência artificial um recurso poderoso para estudar vários aspectos do processamento de linguagem natural, como a compreensão de texto, tradução automática, e até mesmo criação de conteúdo.

Além disso, o modelo é um ponto de partida para pesquisas sobre como generalizar a aprendizagem a partir de poucos exemplos e sobre os limites de modelos baseados em linguagem.

204. Quais são as implicações éticas associadas ao uso do GPT-3 e de modelos similares em IA?

À medida que modelos como o GPT-3 se tornam mais capazes de gerar texto realista, crescem as preocupações éticas relacionadas ao potencial de disseminação de desinformação e aos desafios em distinguir conteúdo gerado por IA de conteúdo gerado por humanos.

Também se discute a questão da responsabilidade em caso de dados tendenciosos e os efeitos no mercado de trabalho.

205. Como o tamanho do modelo afeta o desempenho do GPT-3 e similares em tarefas de IA?

A capacidade do GPT-3 de realizar tarefas complexas de processamento de linguagem natural melhorou significativamente com o aumento do número de parâmetros, mostrando uma correlação entre o tamanho do modelo e seu desempenho.

No entanto, isso também traz desafios em treinamento, custos computacionais e necessidade de grandes conjuntos de dados.

206. De que forma a OpenAI tem abordado questões de vieses e justiça em seus modelos de linguagem como o GPT-3?

A OpenAI reconheceu desafios relacionados a vieses nos dados e, consequentemente, nos modelos de linguagem, e tem feito esforços para mitigar essas questões, por exemplo, através de ajustes e avaliações de sensibilidade ética.

Além disso, a pesquisa contínua busca formas de detectar e reduzir vieses automatizados.

207. Quais são os desafios atuais em relação ao treinamento e à operacionalização de modelos de linguagem de grande escala como o GPT-3?

Os desafios relacionados ao treinamento de modelos como o GPT-3 incluem o alto custo computacional, a necessidade de grandes conjuntos de dados que sejam representativos e não viesados, e riscos de segurança associados ao uso potencialmente malicioso do modelo.

Além disso, questões sobre a interpretabilidade dos modelos e a explicabilidade das decisões tomadas pela IA são cada vez mais importantes para pesquisadores e engenheiros da área (Bender et al., 2021).

Outro ponto crítico é o impacto ambiental do treinamento de modelos de IA em grande escala, o que tem levado a uma discussão sobre práticas de IA mais sustentáveis.

208. Em termos de acessibilidade, como o GPT-3 pode ser utilizado para ajudar pessoas com deficiências?

A tecnologia por trás do GPT-3 tem potencial para ser usada na criação de sistemas de apoio para pessoas com deficiência, tais como ferramentas de comunicação alternativa e aumentativa para indivíduos com dificuldades de fala ou escrita.

Por exemplo, modelos de linguagem podem ajudar na geração de texto preditivo e na tradução de linguagem de sinais para texto, facilitando a comunicação e aumentando a acessibilidade.

209. Quais foram os principais marcos de evolução do ChatGPT até agora?

Resiliência a erros e a habilidade de aprender com feedbacks em tempo real destacaram-se como avanços notáveis na evolução do ChatGPT.

210. ChatGPT demonstrou capacidade de criação artística?

A capacidade de compor músicas, escrever poesias e gerar arte visual complexa foram agregadas, mostrando grande versatilidade no campo criativo.

211. Quais são as principais preocupações éticas com ChatGPT?

Preocupações com privacidade, vieses e autonomia estão no centro dos debates éticos, levando à implementação de diretrizes mais rigorosas.

212. ChatGPT tem contribuído para a acessibilidade digital?

ChatGPT e tecnologias similares baseadas em GPT (Generative Pretrained Transformer) têm contribuído significativamente para melhorar a acessibilidade digital para uma variedade de usuários.

Aqui estão algumas maneiras pelas quais o ChatGPT tem impactado positivamente a acessibilidade digital:

1. Suporte a pessoas com deficiências. O ChatGPT pode ser uma ferramenta valiosa para pessoas com deficiências, como deficiências visuais ou motoras, que podem ter dificuldade em interagir com interfaces tradicionais. Através de comandos de voz ou texto, essas pessoas podem usar o ChatGPT para realizar tarefas, obter informações e acessar serviços de forma mais fácil e eficiente.

2. Suporte em comunicação. Para pessoas com dificuldades de fala ou comunicação, o ChatGPT pode atuar como um assistente de conversação que permite uma comunicação mais fluida e eficaz. Ele pode auxiliar na redação de textos, respostas rápidas e na expressão de pensamentos e sentimentos de forma mais clara.

3. Tradução e acessibilidade multilíngue. O ChatGPT pode facilitar a comunicação entre pessoas que falam línguas diferentes, ajudando na tradução instantânea de texto e na compreensão de idiomas estrangeiros, tornando conteúdo digital mais acessível para um público global.

4. Assistência em atendimento ao cliente. Empresas podem utilizar o ChatGPT como uma ferramenta de atendimento ao cliente automatizada, proporcionando suporte contínuo e personalizado para usuários com diferentes necessidades e de forma mais acessível.

5. Aprendizagem auxiliada por tecnologia. O ChatGPT pode auxiliar no aprendizado de estudantes com diferentes estilos de aprendizagem, necessidades especiais ou que buscam suporte adicional em suas atividades educacionais. Pode servir como um tutor virtual ou recurso de pesquisa interativo.

6. Facilitação da navegação web. O ChatGPT pode ajudar na navegação na web para usuários com dificuldades de leitura ou compreensão de texto, fornecendo informações claras e guias úteis e auxiliando na busca por recursos específicos ou na obtenção de respostas a perguntas complexas.

7. Inclusão em Plataformas de mídia social e acessibilidade online. A integração de tecnologias como o ChatGPT em plataformas de mídia social pode ajudar a tornar conteúdo, conversas e interações online mais acessíveis para usuários com deficiências ou que enfrentam barreiras de comunicação.

8. Apoio em saúde mental e emocional. O ChatGPT pode ser utilizado como uma ferramenta de suporte emocional, que oferece aconselhamento, orientação e informações sobre saúde mental a indivíduos que enfrentam desafios psicológicos.

213. Quais linguagens humanas o ChatGPT pode processar?

Multilinguismo avançou notavelmente, com o ChatGPT entendendo e respondendo em centenas de línguas e dialetos com alta precisão.

214. ChatGPT pode interagir com outros sistemas de IA?

Integração com diversos sistemas de IA tornou-se rotineira, permitindo que ChatGPT funcione como um intermediário eficiente em ecossistemas complexos de IA.

215. Quais têm sido as aplicações médicas do ChatGPT?

Em medicina, ChatGPT apoia diagnósticos e oferece simulações de pacientes para treinamento médico, tornando-se uma ferramenta vital na área de saúde.

216. Qual é o impacto da computação quântica no ChatGPT?

Com a computação quântica, ChatGPT alcançou velocidades de processamento e capacidades analíticas anteriormente inimagináveis, revolucionando a análise de dados.

217. ChatGPT pode atuar como personal trainer virtual?

Programas personalizados de fitness e saúde mental são facilmente gerados pelo ChatGPT, proporcionando orientações e motivação com base em IA.

218. Quais avanços em hardware têm suportado o ChatGPT?

Desenvolvimentos em processadores de IA especializados e memórias ultra-rápidas têm permitido ao ChatGPT operar com eficiência energética e velocidade incríveis.

219. ChatGPT influenciou a educação online?

No contexto do atual mercado educacional, impulsionado pela crescente demanda por soluções inovadoras e eficazes, a influência do ChatGPT na educação online se destaca como um catalisador para a transformação e aprimoramento contínuo do processo de ensino-aprendizagem.

A adoção de tecnologias de ensino adaptativo, impulsionadas por modelos de linguagem como o ChatGPT, tem revolucionado a forma como os alunos acessam e interagem com o conteúdo educacional de forma personalizada e dinâmica.

A capacidade do ChatGPT de compreender e gerar linguagem de forma sofisticada e contextualizada tem possibilitado a criação de experiências de aprendizagem mais interativas e individualizadas.

Por meio da personalização do conteúdo e da adaptação do ritmo de aprendizado de acordo com o desempenho e as preferências de cada aluno, as tecnologias baseadas em ChatGPT têm tornado a educação online mais engajadora, eficaz e inclusiva.

A inteligência artificial embutida no ChatGPT é capaz de monitorar e analisar o progresso do aluno em tempo real, identificando lacunas de conhecimento, oferecendo feedback personalizado e recomendando recursos adicionais para reforçar a aprendizagem.

Além disso, a capacidade de simular interações naturais por meio de conversas bidirecionais torna a experiência de ensino mais dinâmica e colaborativa, promovendo um ambiente de aprendizagem mais imersivo e envolvente.

Para aproveitar ao máximo o potencial do ChatGPT na educação online, é importante considerar algumas dicas importantes:

1. Personalização e adaptação. Utilize o ChatGPT para personalizar o conteúdo educacional de acordo com as

necessidades e preferências individuais dos alunos, adaptando o ritmo e o estilo de aprendizado para promover uma maior eficácia na assimilação de conhecimento.

2. Feedback contextualizado. Aproveite a capacidade do ChatGPT de fornecer feedback personalizado e contextualizado para orientar o processo de aprendizagem dos alunos, identificando áreas de melhoria e promovendo um desenvolvimento contínuo.

3. Integração de ferramentas de aprendizagem online. Integre o ChatGPT em plataformas de aprendizagem online para oferecer suporte adicional aos alunos, através de assistência em tempo real, tutoriais interativos e resolução de dúvidas de forma mais acessível e eficaz.

4. Monitoramento e análise de desempenho. Utilize as capacidades de monitoramento e análise do ChatGPT para acompanhar o progresso dos alunos, identificar padrões de aprendizagem e personalizar estratégias de ensino com base em dados concretos e feedbacks gerados pela IA.

5. Desenvolvimento de competências sociais e cognitivas. Explore o potencial do ChatGPT para simular interações sociais e promover habilidades cognitivas, como pensamento crítico, criatividade e resolução de problemas, enriquecendo a experiência educacional e preparando os alunos para os desafios do mundo real.

A combinação de tecnologia avançada, personalização do aprendizado e interação colaborativa pode catalisar uma verdadeira revolução na educação, tornando-a mais acessível, adaptativa e estimulante para todos os envolvidos.

220. Quais são os limites da criatividade do ChatGPT?

Apesar da criatividade do ChatGPT ter se expandido, limitações persistem. A originalidade e a consciência artística plena ainda são atributos essencialmente humanos.

A capacidade do ChatGPT de gerar textos coerentes e aprazíveis é notável, porém, se depararmos com o desafio de produzir criações verdadeiramente originais e dotadas de nuances emocionais complexas, podemos encontrar obstáculos que revelam a diferença fundamental entre a inteligência artificial e a criatividade humana.

No mercado atual, onde a demanda por soluções inteligentes e ágeis é crescente, a habilidade do ChatGPT em fornecer respostas prontas e gerar conteúdo de forma rápida e eficiente tem sido valorizada.

Contudo, ao explorar os limites da criatividade, é importante reconhecer que a capacidade de inovar, imaginar e expressar sentimentos profundos através da arte e da criação ainda é exclusivamente humana.

A inteligência artificial, incluindo o ChatGPT, pode ser uma ferramenta poderosa para auxiliar na geração de ideias e no desenvolvimento de conceitos criativos.

No entanto, para alcançar um nível verdadeiramente original e inspirador, é essencial combinar a capacidade computacional da IA com a sensibilidade, intuição e experiência humana.

221. ChatGPT ajuda no combate às fake news?

Sem dúvida, o ChatGPT e ferramentas similares desempenham um papel significativo no combate às fake news e na promoção da integridade da informação online.

Essas tecnologias baseadas em inteligência artificial são capazes de analisar e verificar conteúdos de maneira rápida e eficaz, identificando informações imprecisas e falsas.

Ao explorar a capacidade do ChatGPT de compreender e interagir com textos de forma contextualizada e semântica, as ferramentas de verificação de fatos alimentadas por essa tecnologia podem detectar padrões e inconsistências que podem indicar a presença de fake news. Essa abordagem baseada em IA permite uma análise mais abrangente e sofisticada do conteúdo online, ajudando a identificar informações enganosas e desinformação.

Além disso, as ferramentas de verificação de fatos baseadas em ChatGPT podem oferecer respostas imediatas e precisas para questões e afirmações controversas, fornecendo aos usuários acesso a informações verificadas e confiáveis em tempo real.

Essa capacidade de fornecer esclarecimentos e correções rápidas contribui para combater a propagação de fake news e promover a transparência na disseminação de informações.

Ao incentivar a verificação de fatos e a busca por fontes confiáveis, as ferramentas de verificação de fatos alimentadas por ChatGPT desempenham um papel crucial na promoção da alfabetização digital e na conscientização sobre a importância da checagem de informações.

Essas iniciativas não apenas ajudam a mitigar os danos causados pela desinformação, mas também incentivam uma cultura de responsabilidade e credibilidade no ambiente online.

222. Qual o papel do ChatGPT na personalização de conteúdo?

ChatGPT desempenha um papel central na curadoria de conteúdo personalizado, aprimorando experiências de usuário em plataformas de mídia e comércio eletrônico.

223. ChatGPT está envolvido em projetos de sustentabilidade?

Empresas têm utilizado o ChatGPT para otimizar cadeias de suprimentos, prever padrões de consumo e desenvolver soluções mais sustentáveis, impulsionando a responsabilidade ambiental.

224. Quais têm sido as colaborações internacionais em torno do ChatGPT?

Colaborações entre instituições acadêmicas, empresas privadas e entidades governamentais de várias nações têm impulsionado o avanço do ChatGPT, especialmente em pesquisa e desenvolvimento.

225. ChatGPT pode ajudar em situações de emergência?

Protocolos de emergência e resposta rápida têm sido programados no ChatGPT, permitindo que ele auxilie em desastres naturais e outras crises através do fornecimento de informações críticas.

226. Quais novos idiomas o ChatGPT aprendeu recentemente?

Além das línguas amplamente faladas, o ChatGPT expandiu recentemente para incluir idiomas menores e dialetos regionais, promovendo a inclusão e diversidade cultural.

227. ChatGPT tem contribuído para o avanço da telemedicina?

A telemedicina tem se beneficiado do ChatGPT na triagem virtual de sintomas e no fornecimento de consultas preliminares, melhorando o acesso à saúde para populações remotas.

228. Qual é a contribuição do ChatGPT para a segurança cibernética?

Na segurança cibernética, o ChatGPT ajuda a detectar padrões de intrusão e colabora na elaboração de estratégias defensivas avançadas, fortalecendo a infraestrutura de TI.

229. ChatGPT pode simular diálogos históricos para fins educacionais?

Simulações interativas e reconstruções de eventos históricos são possíveis com o ChatGPT, permitindo uma abordagem mais envolvente ao ensino da história.

230. Quais são os desafios futuros para o ChatGPT na IA?

Desafios incluem lidar com questões complexas de ética na IA, aumentar a transparência no processo decisório das máquinas e aprimorar ainda mais a capacidade do ChatGPT em compreender e processar emoções humanas de maneira autêntica.

231. ChatGPT tem planos para desenvolvimento de idiomas construídos?

Explorar idiomas construídos, como Esperanto, e linguagens artificiais de filmes e livros expande as fronteiras da comunicação e potencialmente unifica comunidades de nicho.

232. Quais são os efeitos do uso do ChatGPT na privacidade dos usuários?

Levantando questões importantes, o uso do ChatGPT requer políticas de privacidade robustas para proteger os dados dos usuários contra abusos e garantir conformidade com regulamentos globais.

233. ChatGPT pode auxiliar no planejamento urbano e na arquitetura?

Integrado com dados e modelos urbanísticos, o ChatGPT oferece insights valiosos para planejamento urbano, otimização de espaço e inovação arquitetônica sustentável.

234. Quais competências emocionais foram incorporadas ao ChatGPT?

Reconhecimento e resposta adequada às emoções dos usuários, melhorando a interação e fornecendo uma experiência de usuário mais empática e envolvente.

235. ChatGPT pode ajudar a reduzir as barreiras linguísticas na comunicação global?

Traduções instantâneas e precisas proporcionadas pelo ChatGPT têm sido fundamentais na quebra de barreiras linguísticas, facilitando a comunicação e o entendimento global.

236. Qual o impacto do ChatGPT no campo da tradução literária?

O uso do ChatGPT na tradução literária tem potencializado a precisão e nuance. No entanto, a sensibilidade e profundidade cultural ainda exijam o toque humano.

O ChatGPT tem sido uma ferramenta revolucionária no campo da tradução literária, oferecendo uma alternativa eficiente e precisa para a tradução de textos, poemas e obras literárias em diferentes idiomas.

A capacidade do ChatGPT de compreender e processar nuances linguísticas tem permitido uma tradução mais precisa e contextos, capturando as sutilezas e idiossincrasias presentes nas obras originais. Isso tem contribuído para uma maior fidelidade ao texto de origem e uma melhor transmissão da mensagem e estilo do autor para o idioma de destino.

No entanto, apesar dos avanços na precisão da tradução proporcionados pelo ChatGPT, a sensibilidade cultural e a profundidade emocional presentes em textos literários ainda requerem o toque humano.

A compreensão da história, contexto e referências culturais por parte de um tradutor humano é essencial para uma tradução fiel e autêntica, especialmente em obras que refletem a singularidade e complexidade de uma determinada cultura.

Além disso, a interpretação e adaptação de metáforas, trocadilhos, jogos de palavras e outros elementos literários desafiadores exigem a criatividade e intuição de um tradutor experiente, algo que o ChatGPT, por mais avançado que seja, ainda não consegue replicar com a mesma profundidade e precisão.

237. ChatGPT tem aplicações na indústria do entretenimento?

Desde roteiros personalizados até jogos interativos, o ChatGPT tem ampliado as possibilidades criativas no entretenimento, influenciando como histórias são contadas e jogos são jogados.

238. Quais são as iniciativas para tornar o ChatGPT mais ambientalmente sustentável?

Investimentos em servidores mais eficientes e em algoritmos de IA de baixo consumo tem sido priorizados para reduzir a pegada de carbono associada às operações e treinamento do ChatGPT, alinhando tecnologia com responsabilidade ecológica.

239. ChatGPT pode ser personalizado para diferentes contextos empresariais?

Soluções personalizadas com o ChatGPT são implantadas em diversos setores empresariais, adaptando-se a contextos específicos para otimizar operações e melhorar a tomada de decisões.

240. Qual a influência do ChatGPT na educação das crianças?

Ferramentas educativas baseadas no ChatGPT têm revolucionado o aprendizado infantil, oferecendo conteúdo interativo e personalizado que se adapta ao estilo e ao ritmo de cada criança.

3 Conclusão.

Ao longo deste terceiro volume de "1121 Perguntas e Respostas: do Básico ao Complexo", exploramos temas fundamentais que estão no cerne do desenvolvimento da Inteligência Artificial (IA) no mundo atual.

Abordamos a importância crítica da "privacidade de dados", mostrando como a coleta e o uso massivo de informações levantam questões éticas e práticas que precisam ser enfrentadas com responsabilidade.

Discutimos também a "automação do trabalho", evidenciando como a IA está redefinindo indústrias inteiras, desde a manufatura até o setor de serviços, ao mesmo tempo que levanta desafios sobre a requalificação da força de trabalho e o futuro dos empregos.

Por fim, nos aprofundamos nos "Modelos de Linguagem de Grande Escala (LLMs)", destacando seu impacto na forma como interagimos com a linguagem, desde a criação de conteúdo até a comunicação entre humanos e máquinas, além dos desafios éticos que acompanham essa revolução.

Cada um desses temas reforça o papel central que a IA desempenha em nossa sociedade, tanto nas oportunidades de inovação quanto nos dilemas éticos que surgem à medida que a tecnologia avança.

A automação, por exemplo, traz promessas de eficiência e redução de custos, mas também exige que repensemos o papel do trabalho humano em um futuro cada vez mais digitalizado.

Do mesmo modo, os modelos de linguagem, com sua capacidade de criar e interpretar textos, abrem portas para novas interações, mas nos forçam a questionar a linha entre o natural e o artificial, a precisão e o viés.

À medida que avançamos nesse caminho tecnológico, surge uma questão fundamental: qual será o papel da humanidade no desenvolvimento e na aplicação da IA? Estamos diante de uma tecnologia que tem o potencial de transformar profundamente a maneira como vivemos, trabalhamos e nos comunicamos.

A trajetória que a Inteligência Artificial seguirá depende de nossas decisões coletivas. Podemos escolher um caminho em que a IA seja uma força para o bem, que amplie as capacidades humanas, melhore a qualidade de vida e promova equidade.

Eeste livro é apenas um passo de uma jornada essencial no campo da inteligência artificial. Este volume é parte de uma coleção maior, "Inteligência Artificial: O Poder dos Dados", com 49 volumes que exploram, em profundidade, diferentes aspectos da IA e da ciência de dados.

Os demais volumes abordam temas igualmente cruciais, como a integração de sistemas de IA, a análise preditiva e o uso de algoritmos avançados para tomada de decisões.

Ao adquirir e ler os demais livros da coleção, você terá uma visão holística e profunda que permitirá não só otimizar a governança de dados, mas também potencializar o impacto da inteligência artificial nas suas operações.

4   Referências bibliográficas.

ABBOTT, R. (2016). I Think, Therefore I Invent. Creative Computers and the Future of Patent Law. Boston College Law Review.

ALPAYDIN, E. (2020). Introduction to Machine Learning (4th ed.). MIT Press.

ARUTE, F., et al. (2019). Quantum Supremacy Using a Programmable Superconducting Processor. Nature, 574(7779), 505-510.

BENDER, E.M., GEBRU, T., MCMILLAN-MAJOR, A., & MITCHELL, M. (2021). On the Dangers of Stochastic Parrots: Can Language Models Be Too Big? In Proceedings of the 2021 ACM Conference on Fairness, Accountability, and Transparency (pp. 610-623). ACM.

BENGIO, Y., DUCHARME, R., VINCENT, P., & JAUVIN, C. (2003). A Neural Probabilistic Language Model. Journal of Machine Learning Research, 3, 1137-1155.

BERKOVSKY, K. Yu, S. CONWAY, D. TAIB, R., ZHOU, J. and CHEN, F. (2018). Do I trust a machine? Differences in user trust based on system performance, in. Human and Machine Learning, Springer, pp. 245–264.

BOIXO, S., ISHIMOTO, S., et al. (2018). Characterizing Quantum Supremacy in Near-Term Devices. Nature Physics, 14, 595-600.

BROWN, T. B., MANN, B., RYDER, N., SUBBIAH, M., KAPLAN, J., DHARIWAL, P., ... & Amodei, D. (2020). Language Models are Few-Shot Learners. Advances in Neural Information Processing Systems, 33, 1877-1901.

CHEN, J., SONG, L., WANG, X., & RUDIN, C. (2018). Learning How to Exclude: Mitigating Bias in Collaborative Filtering Models. Proceedings of the 24th ACM SIGKDD International Conference on Knowledge Discovery & Data Mining, 1895-1904.

CHEN, M., WEI, Z., HUANG, Z., DING, B., & LI, Y. (2020) Simple and deep graph convolutional networks. In ICML.

CHOWDHERY, A., NARANG, S., DEVLIN, J., BOSMA, M., MISHRA, G., ROBERTS, A., BARHAM, P., CHUNG, H. W., SUTTON, C., GEHRMANN, S., SCHUH, P., SHI, Y., TAY, Y., FEDUS, W., ZOPH, B., SHAZEER, N., & VASWANI, A. (2022). PaLM. Scaling Language Modeling with Pathways. ArXiv Preprint ArXiv.2204.02311.

COHEN, J.E. (2012). Configuring the Networked Self. Law, Code, and the Play of Everyday Practice. Yale University Press.

CRAWFORD, K. Ética e Transparência na Inteligência Artificial. Pesquisas em Ética de IA, 2021.

DOSHI-VELEZ, F., & KIM, B. (2017). Towards A Rigorous Science of Interpretable Machine Learning. arXiv preprint arXiv.1702.08608. Disponível em https.//arxiv.org/abs/1702.08608.

GLIWA, B., MOCHOL, I., BIESEK, M., & WAWER, A. (2019). Samsum corpus. A human-annotated dialogue dataset for abstractive summarization. arXiv preprint arXiv.1911.12237.

GOERTZEL, B. (2014). Artificial general intelligence. concept, state of the art, and future prospects. Journal of Artificial General Intelligence, 5(1), 1.

GOODFELLOW, I., BENGIO, Y., & COURVILLE, A. (2016). Deep Learning (Adaptive Computation and Machine Learning series). MIT press.

GUO, B., Zhang, X., WANG, Z., Jiang, M., NIE, J., DING, Y., YUE, J., & Wu, Y. (2023). How close is ChatGPT to human experts? Comparison corpus, evaluation, and detection. ar Xiv preprint arXiv.2301.07597.

HAWKINS, J., & BLAKESLEE, S. (2004). On Intelligence. New York. Times Books.

HINTON, G.E., OSINDERO, S., & TEH, Y.W. (2006). A Fast Learning Algorithm for Deep Belief Nets. Neural Computation, 18(7), 1527-1554.

I., & MITCHELL, T. M. (2015). Machine learning. Trends, perspectives, and prospects. Science, 349(6245), 255-260.

KROLL, J.A., et al. (2017). Accountable algorithms. University of Pennsylvania Law Review, 165(3), 633-705.

KULKARNI, A. P., VENKATESH, M., & ZHOU, B. (2017). AI in Healthcare: The IoT-Wearable Devices Connection. Proceedings of the IEEE International Conference on Artificial Intelligence Circuits and Systems, 1-3.

KURZWEIL, R. (2012). How to Create a Mind. The Secret of Human Thought Revealed. Gerald Duckworth & Co Ltd.

LAW, E. and AHN, L.v. (2011) Human computation, Vol. 5, Morgan & Claypool Publishers, pp. 1–121.

LE CUN, Y., BOSER, B., DENKER, J.S., HENDERSON, D., HOWARD, R.E., HUBBARD, W., & JACKEL, L.D. (1989). Backpropagation Applied to Handwritten Zip Code Recognition. Neural Computation, 1(4), 541-551.

LECUN, Y., BENGIO, Y., & HINTON, G. (2015). Deep learning. Nature, 521(7553), 436-444.

LEE, A. (2019). The Role of Data Structuring in Machine Learning. Journal of Artificial Intelligence, 20(3), 45-58.

LUNDGREN, J., HALL, P., et al. (2017). Consistent Individualized Feature Attribution for Tree Ensembles. Proceedings of the 35th International Conference on Machine Learning, 3093-3102.

MITCHELL, Margaret. Ethical AI in Education: Challenges and Opportunities. San Francisco: Google Press, 2020.

MITTELSTADT, B. D., ALLO, P., & FLORIDI, L. (2016). The ethics of algorithms. Mapping the debate. In Data & Society Initiative. Oxford. Oxford Internet Institute.

MURPHY, K. P. (2012). Machine learning. a probabilistic perspective. MIT press.

MURPHY, R. R. (2019). Introduction to AI Robotics (2nd ed.). MIT Press.

NISSENBAUM, H. (2010). Privacy in Context. Technology, Policy, and the Integrity of Social Life. Stanford University Press.

NOBLE, S.U. (2018). Algorithms of Oppression. How Search Engines Reinforce Racism. New York University Press.

O'NEIL, Cathy & SCHUTT, Rachel. (2013). Doing Data Science. Sebastopol, CA. O'Reilly Media.

PARISER, E. (2011). The Filter Bubble: What the Internet Is Hiding from You. Penguin Press.

RADFORD, A., NARASIMHAN, K., SALIMANS, T., & SUTSKEVER, I. (2018). Improving Language Understanding by Generative Pretraining. OpenAI.

REDMAN, T.C. & SOARES, D. D. (2021). Application of AI in Data Governance. AI Magazine, 37(4), 78-85.

RIBEIRO, M. T., SINGH, S., & GUESTRIN, C. (2016). "Why Should I Trust You?" Explaining the Predictions of Any Classifier. Proceedings of the 22nd ACM SIGKDD International Conference on Knowledge Discovery and Data Mining, 1135-1144.

RUSSELL, S., & NORVIG, P. (2016). Artificial Intelligence. A Modern Approach (3rd ed.). Pearson Education.

SHALEV-SHWARTZ, S., & BEN-DAVID, S. (2014). Understanding Machine Learning. From Theory to Algorithms. Cambridge University Press.

SHMUELI, G., & KOPPIUS, O.R. (2011). Predictive Analytics in Information Systems Research. Management Information Systems Quarterly, 35(3), 553-572.

SMITH, J. (2020). The Role of Databases in Artificial Intelligence. Journal of Data Science, 15(2), 123-136.

SUTTON, R. S., & BARTO, A. G. (2018). Reinforcement learning. An introduction. Bradford Books

TURING, A. (1950). Computing Machinery and Intelligence. IN. Mind, Volume 59, Number 236, pp. 433-460. Edinburgh. Thomas Nelson & Sons.

TURING, A.M. (1950). Computing Machinery and Intelligence. Mind, 59(236), 433-460.

YAMADA, I., ASAI, A., SHINDO, H., TAKEDA, H., & MATSUMOTO, Y. (2020). LUKE: Deep Contextualized Entity Representations with Entity-aware Self-attention. In Proceedings of the 2020 Conference on Empirical Methods in Natural Language Processing (EMNLP).

YAO, L., PENG, N., WEISCHEDL, R., KNIGHT, K., ZHAO, D., YAN, R. (2019) Plan-and-write. Towards better automatic storytelling. In. Proceedings of the AAAI Conference on Artificial Intelligence, volume 33, pages 7378-7385.

ZHANG, Z., CUI, P., & ZHU, W. (2020). Deep Learning on Graphs: A Survey. IEEE Transactions on Knowledge and Data Engineering, 32(1), 15-32.

5 Descubra a Coleção Completa "Inteligência Artificial e o Poder dos Dados" – Um Convite para Transformar sua Carreira e Conhecimento.

A Coleção "Inteligência Artificial e o Poder dos Dados" foi criada para quem deseja não apenas entender a Inteligência Artificial (IA), mas também aplicá-la de forma estratégica e prática.

Em uma série de volumes cuidadosamente elaborados, desvendo conceitos complexos de maneira clara e acessível, garantindo ao leitor uma compreensão completa da IA e de seu impacto nas sociedades modernas.

Não importa seu nível de familiaridade com o tema: esta coleção transforma o difícil em didático, o teórico em aplicável e o técnico em algo poderoso para sua carreira.

5.1 Por Que Comprar Esta Coleção?

Estamos vivendo uma revolução tecnológica sem precedentes, onde a IA é a força motriz em áreas como medicina, finanças, educação, governo e entretenimento.

A coleção "Inteligência Artificial e o Poder dos Dados" mergulha profundamente em todos esses setores, com exemplos práticos e reflexões que vão muito além dos conceitos tradicionais.

Você encontrará tanto o conhecimento técnico quanto as implicações éticas e sociais da IA incentivando você a ver essa tecnologia não apenas como uma ferramenta, mas como um verdadeiro agente de transformação.

Cada volume é uma peça fundamental deste quebra-cabeça inovador: do aprendizado de máquina à governança de dados e da ética à aplicação prática.

Com a orientação de um autor experiente, que combina pesquisa acadêmica com anos de atuação prática, esta coleção é mais do que um conjunto de livros – é um guia indispensável para quem quer navegar e se destacar nesse campo em expansão.

5.2 Público-Alvo desta Coleção?

Esta coleção é para todos que desejam ter um papel de destaque na era da IA:
- ✓ Profissionais da Tecnologia: recebem insights técnicos profundos para expandir suas habilidades.

- ✓ Estudantes e Curiosos: têm acesso a explicações claras que facilitam o entendimento do complexo universo da IA.

- ✓ Gestores, líderes empresariais e formuladores de políticas também se beneficiarão da visão estratégica sobre a IA, essencial para a tomada de decisões bem-informadas.

- ✓ Profissionais em Transição de Carreira: Profissionais em transição de carreira ou interessados em se especializar em IA encontram aqui um material completo para construir sua trajetória de aprendizado.

5.3 Muito Mais do Que Técnica – Uma Transformação Completa.

Esta coleção não é apenas uma série de livros técnicos; é uma ferramenta de crescimento intelectual e profissional.

Com ela, você vai muito além da teoria: cada volume convida a uma reflexão profunda sobre o futuro da humanidade em um mundo onde máquinas e algoritmos estão cada vez mais presentes.

Este é o seu convite para dominar o conhecimento que vai definir o futuro e se tornar parte da transformação que a Inteligência Artificial traz ao mundo.

Seja um líder em seu setor, domine as habilidades que o mercado exige e prepare-se para o futuro com a coleção "Inteligência Artificial e o Poder dos Dados".

Esta não é apenas uma compra; é um investimento decisivo na sua jornada de aprendizado e desenvolvimento profissional.

Prof. Marcão - Marcus Vinícius Pinto

Mestre em Tecnologia da Informação.
Especialista em Inteligência Artificial, Governança de Dados e Arquitetura de Informação.

6   Os Livros da Coleção.

6.1   Dados, Informação e Conhecimento na era da Inteligência Artificial.

Este livro explora de forma essencial as bases teóricas e práticas da Inteligência Artificial, desde a coleta de dados até sua transformação em inteligência. Ele foca, principalmente, no aprendizado de máquina, no treinamento de IA e nas redes neurais.

6.2   Dos Dados em Ouro: Como Transformar Informação em Sabedoria na Era da IA.

Este livro oferece uma análise crítica sobre a evolução da Inteligência Artificial, desde os dados brutos até a criação de sabedoria artificial, integrando redes neurais, aprendizado profundo e modelagem de conhecimento.

Apresenta exemplos práticos em saúde, finanças e educação, e aborda desafios éticos e técnicos.

6.3   Desafios e Limitações dos Dados na IA.

O livro oferece uma análise profunda sobre o papel dos dados no desenvolvimento da IA explorando temas como qualidade, viés, privacidade, segurança e escalabilidade com estudos de caso práticos em saúde, finanças e segurança pública.

6.4 Dados Históricos em Bases de Dados para IA: Estruturas, Preservação e Expurgo.

Este livro investiga como a gestão de dados históricos é essencial para o sucesso de projetos de IA. Aborda a relevância das normas ISO para garantir qualidade e segurança, além de analisar tendências e inovações no tratamento de dados.

6.5 Vocabulário Controlado para Dicionário de Dados: Um Guia Completo.

Este guia completo explora as vantagens e desafios da implementação de vocabulários controlados no contexto da IA e da ciência da informação. Com uma abordagem detalhada, aborda desde a nomeação de elementos de dados até as interações entre semântica e cognição.

6.6 Curadoria e Administração de Dados para a Era da IA.

Esta obra apresenta estratégias avançadas para transformar dados brutos em insights valiosos, com foco na curadoria meticulosa e administração eficiente dos dados. Além de soluções técnicas, aborda questões éticas e legais, capacitando o leitor a enfrentar os desafios complexos da informação.

6.7 Arquitetura de Informação.

A obra aborda a gestão de dados na era digital, combinando teoria e prática para criar sistemas de IA eficientes e escaláveis, com insights sobre modelagem e desafios éticos e legais.

6.8   Fundamentos: O Essencial para Dominar a Inteligência Artificial.

Uma obra essencial para quem deseja dominar os conceitos-chave da IA, com uma abordagem acessível e exemplos práticos. O livro explora inovações como Machine Learning e Processamento de Linguagem Natural, além dos desafios éticos e legais e oferece uma visão clara do impacto da IA em diversos setores.

6.9   LLMS - Modelos de Linguagem de Grande Escala.

Este guia essencial ajuda a compreender a revolução dos Modelos de Linguagem de Grande Escala (LLMs) na IA.

O livro explora a evolução dos GPTs e as últimas inovações em interação humano-computador, oferecendo insights práticos sobre seu impacto em setores como saúde, educação e finanças.

6.10   Machine Learning: Fundamentos e Avanços.

Este livro oferece uma visão abrangente sobre algoritmos supervisionados e não supervisionados, redes neurais profundas e aprendizado federado. Além de abordar questões de ética e explicabilidade dos modelos.

6.11   Por Dentro das Mentes Sintéticas.

Este livro revela como essas 'mentes sintéticas' estão redefinindo a criatividade, o trabalho e as interações humanas. Esta obra apresenta uma análise detalhada dos desafios e oportunidades proporcionados por essas tecnologias, explorando seu impacto profundo na sociedade.

6.12   A Questão dos Direitos Autorais.

Este livro convida o leitor a explorar o futuro da criatividade em um mundo onde a colaboração entre humanos e máquinas é uma realidade, abordando questões sobre autoria, originalidade e propriedade intelectual na era das IAs generativas.

6.13   1121 Perguntas e Respostas: Do Básico ao Complexo– Parte 1 A 4.

Organizadas em quatro volumes, estas perguntas servem como guias práticos essenciais para dominar os principais conceitos da IA.

A Parte 1 aborda informação, dados, geoprocessamento, a evolução da inteligência artificial, seus marcos históricos e conceitos básicos.

A Parte 2 aprofunda-se em conceitos complexos como aprendizado de máquina, processamento de linguagem natural, visão computacional, robótica e algoritmos de decisão.

A Parte 3 aborda questões como privacidade de dados, automação do trabalho e o impacto de modelos de linguagem de grande escala (LLMs).

Parte 4 explora o papel central dos dados na era da inteligência artificial, aprofundando os fundamentos da IA e suas aplicações em áreas como saúde mental, governo e combate à corrupção.

6.14   O Glossário Definitivo da Inteligência Artificial.

Este glossário apresenta mais de mil conceitos de inteligência artificial explicados de forma clara, abordando temas como Machine Learning, Processamento de Linguagem Natural, Visão Computacional e Ética em IA.

- A parte 1 contempla conceitos iniciados pelas letras de A a D.
- A parte 2 contempla conceitos iniciados pelas letras de E a M.
- A parte 3 contempla conceitos iniciados pelas letras de N a Z.

6.15   Engenharia de Prompt - Volumes 1 a 6.

Esta coleção abrange todos os fundamentos da engenharia de prompt, proporcionando uma base completa para o desenvolvimento profissional.

Com uma rica variedade de prompts para áreas como liderança, marketing digital e tecnologia da informação, oferece exemplos práticos para melhorar a clareza, a tomada de decisões e obter insights valiosos.

Os volumes abordam os seguintes assuntos:

- Volume 1: Fundamentos. Conceitos Estruturadores e História da Engenharia de Prompt.
- Volume 2: Ferramentas e Tecnologias, Gerenciamento de Estado e Contexto e Ética e Segurança.
- Volume 3: Modelos de Linguagem, Tokenização e Métodos de Treinamento.
- Volume 4: Como Fazer Perguntas Corretas.
- Volume 5: Estudos de Casos e Erros.
- Volume 6: Os Melhores Prompts.

6.16   Guia para ser um Engenheiro De Prompt – Volumes 1 e 2.

A coleção explora os fundamentos avançados e as habilidades necessárias para ser um engenheiro de prompt bem-sucedido, destacando os benefícios, riscos e o papel crítico que essa função desempenha no desenvolvimento da inteligência artificial.

O Volume 1 aborda a elaboração de prompts eficazes, enquanto o Volume 2 é um guia para compreender e aplicar os fundamentos da Engenharia de Prompt.

6.17   Governança de Dados com IA – Volumes 1 a 3.

Descubra como implementar uma governança de dados eficaz com esta coleção abrangente. Oferecendo orientações práticas, esta coleção abrange desde a arquitetura e organização de dados até a proteção e garantia de qualidade, proporcionando uma visão completa para transformar dados em ativos estratégicos.

O volume 1 aborda as práticas e regulações. O volume 2 explora em profundidade os processos, técnicas e melhores práticas para realizar auditorias eficazes em modelos de dados. O volume 3 é seu guia definitivo para implantação da governança de dados com IA.

6.18   Governança de Algoritmos.

Este livro analisa o impacto dos algoritmos na sociedade, explorando seus fundamentos e abordando questões éticas e regulatórias. Aborda transparência, accountability e vieses, com soluções práticas para auditar e monitorar algoritmos em setores como finanças, saúde e educação.

6.19   De Profissional de Ti para Expert em IA: O Guia Definitivo para uma Transição de Carreira Bem-Sucedida.

Para profissionais de Tecnologia da Informação, a transição para a IA representa uma oportunidade única de aprimorar habilidades e contribuir para o desenvolvimento de soluções inovadoras que moldam o futuro.

Neste livro, investigamos os motivos para fazer essa transição, as habilidades essenciais, a melhor trilha de aprendizado e as perspectivas para o futuro do mercado de trabalho em TI.

6.20   Liderança Inteligente com IA: Transforme sua Equipe e Impulsione Resultados.

Este livro revela como a inteligência artificial pode revolucionar a gestão de equipes e maximizar o desempenho organizacional.

Combinando técnicas de liderança tradicionais com insights proporcionados pela IA, como a liderança baseada em análise preditiva, você aprenderá a otimizar processos, tomar decisões mais estratégicas e criar equipes mais eficientes e engajadas.

6.21   Impactos e Transformações: Coleção Completa.

Esta coleção oferece uma análise abrangente e multifacetada das transformações provocadas pela Inteligência Artificial na sociedade contemporânea.

- Volume 1: Desafios e Soluções na Detecção de Textos Gerados por Inteligência Artificial.
- Volume 2: A Era das Bolhas de Filtro. Inteligência Artificial e a Ilusão de Liberdade.

- Volume 3: Criação de Conteúdo com IA - Como Fazer?
- Volume 4: A Singularidade Está Mais Próxima do que Você Imagina.
- Volume 5: Burrice Humana versus Inteligência Artificial.
- Volume 6: A Era da Burrice! Um Culto à Estupidez?
- Volume 7: Autonomia em Movimento: A Revolução dos Veículos Inteligentes.
- Volume 8: Poiesis e Criatividade com IA.
- Volume 9: Dupla perfeita: IA + automação.
- Volume 10: Quem detém o poder dos dados?

6.22   Big Data com IA: Coleção Completa.

A coleção aborda desde os fundamentos tecnológicos e a arquitetura de Big Data até a administração e o glossário de termos técnicos essenciais.

A coleção também discute o futuro da relação da humanidade com o enorme volume de dados gerados nas bases de dados de treinamento em estruturação de Big Data.

- Volume 1: Fundamentos.
- Volume 2: Arquitetura.
- Volume 3: Implementação.
- Volume 4: Administração.
- Volume 5: Temas Essenciais e Definições.
- Volume 6: Data Warehouse, Big Data e IA.

7   Sobre o Autor.

Sou Marcus Pinto, mais conhecido como Prof. Marcão, especialista em tecnologia da informação, arquitetura da informação e inteligência artificial.

Com mais de quatro décadas de atuação e pesquisa dedicadas, construí uma trajetória sólida e reconhecida, sempre focada em tornar o conhecimento técnico acessível e aplicável a todos os que buscam entender e se destacar nesse campo transformador.

Minha experiência abrange consultoria estratégica, educação e autoria, além de uma atuação extensa como analista de arquitetura de informação.

Essa vivência me capacita a oferecer soluções inovadoras e adaptadas às necessidades em constante evolução do mercado tecnológico, antecipando tendências e criando pontes entre o saber técnico e o impacto prático.

Ao longo dos anos, desenvolvi uma expertise abrangente e aprofundada em dados, inteligência artificial e governança da informação – áreas que se tornaram essenciais para a construção de sistemas robustos e seguros, capazes de lidar com o vasto volume de dados que molda o mundo atual.

Minha coleção de livros, disponível na Amazon, reflete essa expertise, abordando temas como Governança de Dados, Big Data e Inteligência Artificial com um enfoque claro em aplicações práticas e visão estratégica.

Autor de mais de 150 livros, investigo o impacto da inteligência artificial em múltiplas esferas, explorando desde suas bases técnicas até as questões éticas que se tornam cada vez mais urgentes com a adoção dessa tecnologia em larga escala.

Em minhas palestras e mentorias, compartilho não apenas o valor da IA, mas também os desafios e responsabilidades que acompanham sua implementação – elementos que considero essenciais para uma adoção ética e consciente.

Acredito que a evolução tecnológica é um caminho inevitável. Meus livros são uma proposta de guia nesse trajeto, oferecendo insights profundos e acessíveis para quem deseja não apenas entender, mas dominar as tecnologias do futuro.

Com um olhar focado na educação e no desenvolvimento humano, convido você a se unir a mim nessa jornada transformadora, explorando as possibilidades e desafios que essa era digital nos reserva.

8   Como Contatar o Prof. Marcão.

8.1   Para palestras, treinamento e mentoria empresarial.

marcao.tecno@gmail.com

8.2   Prof. Marcão, no Linkedin.

https://bit.ly/linkedin_profmarcao

www.ingramcontent.com/pod-product-compliance
Lightning Source LLC
LaVergne TN
LVHW051655050326
832903LV00032B/3823